I0567190

BESTACTIVITYBOOKS.COM

PRIMA EDIZIONE 2022

Illustrazione Grafica Extra: www.freepik.com
Grazie a Alekksall, Starline, Pch.vector, Rawpixel.com, Vectorpocket, Dgim-studio, Upklyak, Macrovector, Stockgiu, Pikisuperstar & Freepik.com Designers

5 CONSIGLI PER INIZIARE

1) COME RISOLVERE LE PAROLE INTRECCIATTE

I puzzle hanno un formato classico:

- Le parole sono nascoste senza spazi o trattini,...
- Orientamento: Le parole possono essere scritte in avanti, indietro, verso l'alto, verso il basso o in diagonale (possono essere invertite).
- Le parole possono sovrapporsi o intersecarsi.

2) APPRENDIMENTO ATTIVO

Accanto ad ogni parola c'è uno spazio per scrivere la traduzione. Per incoraggiare l'apprendimento attivo, un **DIZIONARIO** alla fine di questa edizione vi permetterà di controllare e ampliare le vostre conoscenze. Cerca e scrivi le traduzioni, trovale nel puzzle e aggiungile al tuo vocabolario!

3) SEGNARE LE PAROLE

Puoi inventare il tuo sistema di segni. Forse ne usi già uno? Per esempio, puoi segnare le parole difficili da trovare con una croce, le parole preferite con una stella, le parole nuove con un triangolo, le parole rare con un diamante, e così via.

4) STRUTTURARE L'APPRENDIMENTO

Questa edizione offre un **TACCUINO** alla fine del libro. In vacanza, in viaggio o a casa, puoi organizzare facilmente le tue nuove conoscenze senza bisogno di un secondo quaderno!

5) AVETE FINITO TUTTE LE GRIGLIE?

Nelle ultime pagine di questo libro, nella sezione della **SFIDA FINALE**, troverete un gioco gratuito!

Facile e veloce! Dai un'occhiata alla nostra collezione di libri di attività per il tuo prossimo momento di divertimento e **apprendimento,** a portata di clic!

Trova la tua prossima sfida su:

BestActivityBooks.com/MioProssimoLibro

Ai vostri posti, pronti...Via!

Sapevi che ci sono circa 7.000 lingue diverse nel mondo? Le parole sono preziose.

Amiamo le lingue e abbiamo lavorato duramente per creare libri di altissima qualità. I nostri ingredienti?

Una selezione di argomenti adatti all'apprendimento, tre buone porzioni di intrattenimento, una cucchiaiata di parole difficili e una spolverata di parole rare. Li serviamo con amore e entusiasmo in modo che tu possa risolvere i migliori giochi di parole e divertirti imparando!

La vostra opinione è essenziale. Puoi partecipare attivamente al successo di questo libro lasciandoci un commento. Ci piacerebbe sapere cosa ti è piaciuto di più di questa edizione.

Ecco un link veloce alla pagina dell'ordine:

BestBooksActivity.com/Recensione50

Grazie per il vostro aiuto e buon divertimento!

Tutta la squadra

1 - Salute e Benessere #2

ب	ض	ش	ن	ی	م	ا	ت	ی	و	ق	ر	ظ	ن
ک	ی	ت	ن	ژ	ئ	چ	ن	و	خ	ن	ژ	ذ	د
ژ	م	م	ض	ه	و	گ	ز	ر	ف	د	ی	ن	ژ
غ	و	ل	ا	و	ي	ژ	و	چ	ژ	ب	م	ز	ف
د	ت	ا	چ	ر	ل	د	ل	ث	م	ی	غ	ح	ي
ژ	ا	س	ا	م	س	ی	ط	ح	ذ	ب	ذ	آ	ک
ل	ن	ن	ي	ض	ر	ت	ل	ذ	ژ	آ	ا	ل	ا
ب	آ	ج	ظ	ي	ظ	ج	ا	ب	ع	م	ی	ر	ل
ه	ز	ظ	ب	د	ن	ع	ئ	ن	ی	ک	ی	ژ	ر
د	ئ	ي	ض	ک	ا	ش	ت	ه	ا	م	غ	ی	ی
ا	آ	ض	ط	چ	د	ذ	ث	ی	د	و	ا	م	ش
ش	ظ	پ	ش	ی	غ	ظ	ض	ذ	ل	ظ	ل	ر	ی
ت	ج	ب	ي	آ	ي	چ	ن	غ	چ	ظ	ض	ژ	ی
ع	ف	و	ن	ت	ط	پ	ث	ت	ش	ک	پ	ن	ج

آلرژی
آناتومی
اشتها
کالری
بدن
رژیم غذایی
هضم
کم آبی بدن
انرژی
ژنتیک
بهداشت
عفونت
بیماری
ماساژ
تغذیه
بیمارستان
وزن
خون
سالم
ویتامین

2 - Aggettivi #2

ص	ج	خ	غ	ح	ع	ش	ت	ژ	ظ	د	ق	ل	ی
ن	ي	ا	و	ی	ا	ذ	و	خ	س	ع	ج	و	د
خ	ش	ک	ل	ط	د	ح	ص	گ	ا	ئ	ج	ئ	ی
ر	ش	ظ	ا	ب	ی	ز	ی	ز	ق	ل	م	س	د
خ	ط	ک	ش	ت	ه	ر	ف	ش	ر	ب	ص	م	ج
ط	ب	ی	ع	ی	ل	س	ی	ا	ع	ث	ي	ذ	س
ع	ل	ع	ظ	چ	ج	م	ت	غ	ض	غ	م	ث	ا
گ	ط	س	ژ	ي	ل	غ	ر	ب	ت	ع	م	ق	ل
ن	م	ا	ی	ش	ی	ر	و	ش	و	آ	ر	ا	م
ر	ص	ط	ا	ي	گ	و	ه	غ	ز	ذ	ط	س	چ
ي	م	و	ل	د	ر	ر	ش	س	ب	خ	ح	آ	و
ش	ی	ژ	ذ	ر	س	ک	م	ع	ض	ل	ع	غ	ی
ث	ش	د	م	گ	ن	ی	ر	ی	ش	ا	ي	ط	ذ
ع	ض	ذ	ث	گ	ه	ئ	ب	ذ	ص	ق	ح	ف	ق

گرسنه
خشک
معتبر
خلاق
توصیفی
شیرین
نمایشی
زیبا
مشهور
قوی

جالب هست
طبیعی
عادی
جدید
مغرور
مولد
خالص
مسئول
شور
سالم

3 - Ingegneria

ن	ح	گ	س	ش	ق	ذ	چ	ی	ز	ح	ر	غ	ا
ن	ع	ی	ز	و	ت	ص	غ	ر	ن	و	ر	و	ن
ط	ی	ت	ج	ا	غ	ق	خ	ی	ج	ی	ع	ا	ر
س	ا	خ	ت	و	س	ا	ز	م	و	ت	و	ر	ژ
ا	م	ا	ق	ط	ر	ز	د	ش	خ	ع	ن	ت	ی
س	ض	د	ن	ط	ی	ژ	ا	ی	ث	م	م	آ	ي
ت	چ	غ	ی	د	ر	ج	ا	و	ز	ق	و	ا	ع
ح	ئ	ت	ش	گ	ا	م	آ	غ	ی	ل	د	ه	ش
ک	ذ	پ	ا	ع	ث	ز	ث	ط	ز	ه	ا	ر	س
ا	ص	آ	م	گ	ژ	ش	ه	م	خ	ي	ر	م	ا
م	غ	م	ح	ا	س	ب	ه	گ	ق	ت	و	د	خ
و	ف	م	ث	ب	ا	ت	ط	غ	ی	ک	ح	ک	ت
ض	چ	ر	خ	ش	ش	ل	ط	ث	ط	ر	م	ض	ا
ئ	ی	غ	ک	ت	خ	ی	ژ	پ	ک	ح	ی	و	ر

زاویه
محور
محاسبه
ساخت و ساز
نمودار
قطر
دیزل
توزیع
انرژی
استحکام

اهرم
مایع
ماشین
اندازه گیری
موتور
حرکت
عمق
چرخش
ثبات
ساختار

4 - Archeologia

و	ئ	د	ف	ج	ي	ق	ص	ا	م	ء	ج	ع	ز
و	ح	و	س	ف	ح	س	س	ق	د	ا	ت	س	ا
ت	ک	ر	ی	خ	پ	ت	ب	ق	ط	ی	د	ي	ی
م	ا	ا	ل	ق	خ	ر	م	ح	و	ش	ب	و	ئ
د	ر	ن	ی	و	ه	ژ	ت	م	ت	ا	ع	ط	ق
ن	ش	ط	ا	ع	ث	ی	ر	ل	س	ن	م	ض	پ
ا	ن	ن	ش	ت	م	ي	ب	ع	ن	س	گ	پ	ي
ت	ا	ژ	خ	ی	ا	م	ز	ا	ر	و	ز	م	ر
س	س	ز	چ	ق	ه	د	ش	ش	و	م	ا	ر	ف
ا	ا	ض	ث	ه	ل	ی	ل	ح	ت	ق	ق	ظ	ل
ب	ک	ض	ی	ب	ا	ی	ز	ر	ا	ژ	ث	ظ	ذ
ظ	چ	ن	ی	ک	ق	ه	ت	خ	ا	ن	ش	ا	ن
س	ذ	چ	ح	ب	ذ	ظ	ب	ا	گ	د	آ	غ	ر
گ	م	س	ر	ز	و	ئ	ژ	ف	چ	ص	د	ظ	ژ

تحلیل
باستان
تمدن
فراموش شده
نسل
دوران
کارشناس
فسیلی
قطعات
رمز و راز

اشیاء
استخوان
استاد
عتیقه
محقق
ناشناخته
تیم
معبد
مقبره
ارزیابی

5 - Salute e Benessere #1

ا	ى	چ	و	ج	خ	ش	ل	ن	ي	آ	ل	ع	د
ض	ع	ظ	ط	ى	ر	ت	ک	ا	ب	ک	ز	ث	ر
چ	ي	ص	ف	آ	ى	گ	ن	س	ر	گ	آ	گ	م
گ	م	ل	ا	ع	ف	ى	س	ل	ت	د	ا	ع	ا
د	ک	ت	ر	ب	ل	ث	ف	ه	س	گ	ي	ص	ن
ع	ا	آ	ک	ر	ک	خ	ف	چ	و	ف	ى	ل	گ
ض	ر	پ	و	ن	ا	م	ر	د	پ	ر	ئ	ط	ا
ل	ت	آ	ع	ا	و	ض	ع	ى	ت	ژ	م	د	ه
ا	ف	س	ح	و	و	ى	ر	و	س	ح	ق	و	آ
ت	ا	د	ش	خ	آ	ر	ا	م	ش	پ	د	غ	ن
ط	ع	ک	ئ	ت	د	ا	ر	و	خ	ا	ن	ه	ط
ر	ف	ل	ک	س	پ	ز	ش	ک	ى	ل	ل	د	ا
و	ظ	س	گ	ا	چ	ع	ف	ش	ب	آ	د	ق	ص
ن	ت	ذ	ج	م	ت	ي	ث	ح	ح	ژ	پ	ق	ى

عادت
ارتفاع
فعال
باکترى
درمانگاه
گرسنگى
داروخانه
شکستگى
پزشکى
دکتر
عضلات
اعصاب
هورمون
استخوان
پوست
وضعيت
رفلکس
آرامش
درمان
ويروس

6 - Aggettivi #1

م	ج	ج	و	ا	ن	ا	س	ک	ی	س	ه	غ	ن
ظ	ه	ا	ف	ع	ا	ل	م	ا	ک	خ	ن	ع	ض
ث	ف	م	ه	ف	ث	ش	آ	ث	ز	ا	ر	س	م
ز	ظ	گ	پ	ط	ش	ط	چ	د	ا	و	ی	ی	ی
ذ	ک	ر	ن	س	ل	خ	ر	چ	ن	ت	ث	گ	ز
ت	ش	ز	ر	ا	ا	ب	ئ	ق	ی	م	ع	ع	چ
ک	غ	ب	د	ح	ش	ذ	ث	ط	غ	ن	ذ	ص	ض
س	ي	ش	م	چ	ص	پ	ا	ي	ص	د	ی	ی	ض
ع	ج	ی	ب	و	غ	ر	ی	ب	ز	ا	ن	ذ	ل
ث	ن	ک	ض	ق	ت	ط	ج	ج	خ	ن	ض	ی	م
ق	ر	ش	ف	ح	ب	ع	س	ص	گ	ه	ل	چ	پ
ص	ا	د	ق	ل	ک	م	ژ	ذ	ح	ب	ل	ن	د
ع	م	ط	ل	ق	خ	ن	ی	گ	ن	س	پ	گ	ث
چ	ط	پ	ق	و	ص	ت	د	س	ث	ک	غ	ی	ض

جاه طلب
معطر
هنری
مطلق
فعال
بزرگ
عجیب و غریب
سخاوتمندانه
جوان
یکسان

مهم
کند
بلند
مدرن
صادق
کامل
سنگین
با ارزش
عمیق
نازک

7 - Geologia

ت	ی	ت	ک	ا	ل	ا	ت	س	ا	س	ک	گ	م
ح	ج	ک	ق	ط	غ	ئ	ح	ذ	ن	س	ز	ر	ی
ع	ئ	ر	ئ	ل	ا	ج	ز	گ	ا	ذ	ج	ئ	س
ف	س	ی	ل	ی	ر	ج	ت	ع	ظ	ا	ی	ت	ل
ذ	ش	س	ش	ی	ا	س	ر	ف	ن	ز	ک	ی	ک
ن	ر	ت	ق	ت	ت	ق	ا	م	ا	ج	ژ	م	ز
آ	ن	ا	ص	ن	ا	ئ	و	و	ش	ص	ض	گ	ذ
ص	م	ل	ف	ا	گ	ن	ک	ا	ف	ا	ک	ا	ج
گ	غ	ل	ن	س	د	م	ق	د	ش	غ	ح	ل	ه
ض	ا	ر	ل	ی	ع	ک	ض	م	ت	ه	ر	ا	ق
ت	س	آ	ک	د	آ	ش	ک	ع	آ	ی	ض	ت	ط
ع	ت	ق	ه	ل	ز	ل	ز	د	ع	ا	د	س	ن
پ	آ	ک	ش	ص	ئ	ب	ر	ن	ج	ل	ز	ا	م
ه	ز	ا	د	گ	ف	ر	آ	ی	ا	ع	خ	ج	خ

مواد معدنی
سنگ
کوارتز
نمک
استالاگمیت
استالاکتیت
لایه
زلزله
آتشفشان
منطقه

اسید
فلات
کلسیم
غار
قاره
مرجان
کریستال
فرسایش
فسیلی
گدازه

8 - Campeggio

د	ح	آ	ک	پ	ش	ب	ا	ن	ط	ئ	ت	غ	ج
ر	ی	م	پ	ق	ک	ق	ا	م	ن	ب	ط	ق	ن
خ	و	ک	ا	ظ	ا	ث	ث	ن	ذ	ک	س	ط	گ
ت	ا	ا	د	ج	ر	ی	ی	ن	و	د	ل	ض	ل
ا	ن	ب	ی	ی	ر	ن	ط	ق	و	ج	ژ	ا	م
ن	ا	ی	غ	ط	د	ا	د	ش	ح	ش	ر	ه	ه
ز	ت	ن	ذ	غ	ا	ر	ج	ه	ت	ت	گ	چ	ق
ط	ب	ی	ع	ت	چ	ق	ی	و	ر	آ	آ	ا	ل
ف	ی	ی	ص	ک	ر	ی	ق	ک	ی	ق	ن	ی	آ
پ	ئ	ح	ک	ک	غ	ا	خ	ي	ش	ی	گ	ر	ذ
ج	ح	ظ	ژ	ح	ن	ق	ض	ذ	ک	م	ر	د	خ
س	ر	گ	ر	م	ک	ن	ن	د	ه	ف	ص	آ	ث
آ	غ	ک	ق	م	ا	ه	ط	پ	ع	ت	ج	چ	س
ي	ح	ح	ک	ط	ص	ق	ص	ر	س	ق	ص	ل	ش

درختان
بانوج
حیوانات
ماجراجویی
قطب نما
کابین
شکار
قایق رانی
کلاه
طناب

سرگرم کننده
جنگل
آتش
حشره
دریاچه
ماه
نقشه
کوه
طبیعت
چادر

9 - Arti Visive

ل	ی	ت	ئ	ز	پ	ر	ش	گ	ص	م	ی	خ	و
آ	پ	ز	ر	خ	ا	ک	ر	س	چ	ر	ض	ب	ت
ش	ا	ب	ل	و	ن	د	ت	گ	و	ا	ژ	ظ	ک
و	ذ	ث	ح	ف	ط	ک	ن	م	ف	ک	و	س	غ
چ	م	ص	ت	ض	س	ه	پ	ا	ی	ه	ر	غ	ع
ت	ر	ک	ی	ب	ب	ن	د	ی	م	ا	ی	ب	ض
د	ح	غ	ق	ه	ظ	ئ	غ	ش	ط	ش	ع	ک	س
م	م	د	ا	د	ن	پ	ک	ا	غ	ک	چ	س	ذ
و	ذ	آ	ل	ج	ج	ر	ی	ق	پ	ر	ت	ر	ه
م	ک	ص	خ	ز	س	خ	م	ن	خ	ا	ک	ض	ژ
پ	ط	گ	ي	ف	چ	خ	ا	ن	آ	ک	آ	پ	ک
م	م	ع	م	ا	ر	ی	ر	م	د	د	چ	ج	ب
ف	ی	ل	م	ط	ف	ی	س	ک	م	و	غ	خ	م
م	ج	س	م	ه	س	ا	ز	ی	ط	خ	س	ذ	ج

معماری
خاک رس
هنرمند
شاهکار
سه پایه
موم
سرامیک
ترکیب بندی
خلاقیت
فیلم

عکس
گچ
مداد
خودکار
نقاشی
چشم انداز
پرتره
مجسمه سازی
شابلون

10 - Tempo

خ	ژ	س	ق	ت	ص	ي	ص	ا	ا	غ	و	ک	ط
ع	ع	ک	چ	ب	ظ	د	و	ک	س	م	ث	ت	ذ
ظ	ج	ر	ت	ش	ل	ا	س	ن	ا	ص	ر	ض	ث
س	ا	ل	ا	ن	ه	ا	م	و	ع	غ	آ	و	ح
ئ	و	ه	ت	ف	ه	ژ	ز	ن	ت	چ	چ	ح	ز
د	خ	د	خ	ش	د	غ	و	غ	پ	د	ک	ذ	ت
ص	ع	پ	آ	ق	م	ک	ر	ط	ئ	ی	ن	ي	ث
ف	ل	ظ	ه	ر	ر	د	ص	ب	ح	ر	ث	ض	د
ئ	ق	ل	ق	گ	ف	ن	ف	ف	چ	و	غ	ب	ا
ن	ا	ی	ی	ت	ق	و	ی	م	ث	ز	آ	خ	ش
ز	ب	ا	ق	ب	ه	ز	و	د	ی	ذ	ص	ک	ع
ش	ظ	ه	د	ن	ی	آ	ق	ذ	گ	پ	ش	خ	ی
ر	آ	غ	ئ	ر	ف	پ	ظ	ذ	ل	ح	ظ	ه	خ
ذ	و	م	ض	ث	ن	د	ض	ب	ر	ر	م	ا	ژ

سال
سالانه
تقویم
دهه
آینده
روز
دیروز
صبح
ماه
ظهر

دقیقه
لحظه
شب
امروز
ساعت
اکنون
به زودی
قبل از
قرن
هفته

11 - Astronomia

آ	س	م	ا	ن	خ	د	غ	آ	ک	ي	ض	ت	س
ش	ه	ا	ب	ج	پ	و	ن	ر	م	ا	ظ	ل	ح
ذ	ص	ه	ر	ا	ه	ر	ا	ی	س	ن	ر	س	ا
ز	م	ی	ن	ذ	ظ	ا	ه	گ	غ	ص	ب	ک	ب
ذ	ص	س	و	ب	ئ	ث	ی	ر	د	ن	ی	و	ی
ژ	و	ت	ا	ه	ت	گ	ک	خ	ب	ت	ص	پ	ئ
ض	ر	ا	خ	ر	ح	ت	ا	ا	ت	ز	ز	غ	آ
ق	ت	ر	ت	ذ	م	ن	د	ر	و	ن	ا	ض	ف
آ	ف	ه	ر	ژ	ه	خ	ذ	ن	خ	ل	ن	ئ	م
خ	ل	ش	ل	ا	د	ت	ع	ا	ک	ر	ا	ی	س
ع	ک	ن	آ	چ	د	ظ	ح	ذ	ج	ت	ش	آ	ض
چ	ی	ا	م	ص	ي	ی	ض	ه	غ	ا	ک	س	ص
ب	گ	س	ف	د	ص	س	ا	ی	د	ب	ه	ط	ع
ب	ح	خ	ئ	ث	ث	ن	ب	م	و	ش	ک	ج	م

سیارک
فضانورد
ستاره شناس
آسمان
کیهان
صورت فلکی
اعتدال
کهکشان
جاذبه
ماه

شهاب
سحابی
رصدخانه
سیاره
تابش
موشک
ابرنواختر
تلسکوپ
زمین
جهان

12 - Circo

ظ	ف	ي	ي	س	ح	ى	ج	م	ئ	ا	غ	و	پ
ب	ط	ى	ل	ب	ف	و	ي	ئ	غ	ج	د	ت	ض
غ	ظ	ث	ل	د	ک	ل	ط	ژ	چ	ج	م	ج	ص
ف	ف	ج	و	ص	غ	ز	غ	ل	ب	ا	س	ا	ص
ن	چ	ژ	و	غ	ى	گ	ن	پ	ص	ا	ي	د	ذ
ز	چ	ا	د	ر	ت	م	ا	ش	ا	گ	ر	و	ل
ا	ص	ک	ا	ز	آ	ظ	خ	ق	ل	ى	ى	گ	ذ
ب	ى	ق	ج	ت	ا	ب	و	ر	ک	آ	ژ	ر	ع
ه	ق	ل	ا	ر	ف	د	ن	ف	ر	ت	غ	گ	ن
د	ى	د	ن	ى	ژ	ت	و	ب	ل	چ	ش	ق	پ
ب	س	ژ	ب	ش	ا	ه	م	چ	ا	ع	ظ	ب	خ
ع	و	ت	ا	ن	ا	و	ى	ح	ب	ت	و	پ	ط
ش	م	چ	ل	ج	ى	ح	م	آ	ا	د	ب	ب	ر
د	پ	ج	ن	ي	ئ	ق	ى	ط	ي	ي	پ	ي	ا

آکروبات
حیوانات
بلیط
آب نبات
دلقک
لباس
فیل
شعبده باز
شیر
جادو

جادوگر
موسیقی
بالن
رژه
میمون
دیدنی
تماشاگر
چادر
ببر
ترفند

13 - Algebra

ن	د	ر	ک	ه	د	ا	س	م	ئ	آ	ص	س	غ
ا	م	ث	ب	ف	ز	آ	و	ش	ر	خ	م	ز	غ
د	ض	ا	ف	ع	ا	ا	م	ک	م	ا	س	ظ	ح
ر	ف	ز	ت	ث	ض	ج	ت	ل	ع	ض	ه	آ	ل
س	غ	ذ	ی	ر	ر	ص	غ	ن	ا	ژ	ش	ح	ق
ت	ظ	ث	ح	خ	ی	ط	ی	ا	د	ع	س	ق	ل
ظ	چ	ح	س	د	ن	س	ر	م	ل	آ	ن	ا	و
ژ	ص	ظ	و	ت	ئ	ت	ح	ت	ه	ش	ع	ع	م
ن	ت	ف	ر	ی	ق	ا	ی	ن	ن	م	ا	ه	ر
ع	م	پ	ر	ا	ن	ت	ز	ا	ت	ک	س	ر	ف
ا	چ	و	د	ش	ن	ا	و	ه	ل	ع	ي	ا	ا
م	ت	ز	د	ص	ف	ر	ف	ی	ط	ا	ر	م	ر
ل	خ	ن	ژ	ا	ض	گ	ق	ز	ح	ب	خ	ش	گ
ئ	خ	ط	ی	ج	ر	ی	ش	ژ	ی	ف	گ	ر	ذ

نمودار
بخش
معادله
نما
نادرست
عامل
فرمول
کسر
گراف
نامتناهی
خطی
ماتریس
شماره
پرانتز
مشکل
ساده کردن
راه حل
تفریق
متغیر
صفر

14 - Mitologia

ن	ا	ی	ا	د	خ	ج	ج	ج	ع	پ	ظ	پ	ث
ن	ت	آ	م	ث	ا	س	ا	ع	د	و	ج	و	م
ه	ن	د	ا	د	ز	و	چ	ف	ر	ه	ن	گ	ق
ی	د	ر	و	ر	د	ف	ج	ف	ق	ع	ف	ل	ث
و	ر	ی	ي	ا	ا	د	ت	د	ا	س	ح	ا	ر
ل	ی	ش	ن	م	ج	ئ	ق	ه	ر	م	ا	ن	ع
ا	ر	گ	ط	ع	ی	آ	ص	ی	ن	ا	ف	ه	د
ف	ی	ژ	ج	ص	ا	ر	ع	چ	پ	و	ک	ک	و
ذ	ل	س	ن	ش	س	ف	ا	ج	ع	ه	ئ	ج	ب
ا	ک	ذ	گ	ئ	ظ	ر	ش	ث	ع	ن	ح	ق	ر
و	س	ش	ج	م	ا	ک	ح	ت	س	ا	ح	ب	ق
خ	ج	ا	و	ت	ث	ل	آ	ض	ئ	س	ت	ی	ص
ز	س	ا	ف	م	ا	ق	ت	ن	ا	ف	ز	آ	ث
و	ت	ر	ا	ز	ه	ط	ح	ف	ي	ا	ژ	ي	ی

کهن الگو
رفتار
موجود
ایجاد
فرهنگ
فاجعه
خدایان
قهرمان
استحکام
رعد و برق

حسادت
جنگجو
جاودانگی
هزارتو
افسانه
جادویی
فانی
هیولا
تندر
انتقام

15 - Piante

ذ	گ	ب	ا	چ	ق	ر	م	پ	ط	ش	ب	گ	گ
ي	ش	ا	پ	ی	چ	ک	ت	ي	آ	آ	ر	ی	ر
ح	ئ	م	ز	غ	د	ا	ل	و	ب	ی	ا	ا	ب
چ	م	ب	ب	غ	ی	ک	گ	ع	س	ه	ض	ج	ل
ي	ث	و	ا	خ	ه	ت	ن	ر	ش	د	ق	ک	گ
ع	ا	ظ	غ	ع	ا	و	ج	ن	و	و	ب	و	ش
ع	گ	ط	ل	ش	ی	س	ا	ت	ب	ک	ر	م	ب
ش	ث	خ	آ	ا	گ	س	ي	ط	ف	پ	ی	ص	ذ
آ	ف	ز	ژ	خ	ی	ب	ص	ئ	س	ص	ش	ف	ر
ر	ب	ه	ب	و	گ	ش	ع	ب	ف	غ	ه	ث	ت
د	ي	ب	غ	ب	د	ز	ط	و	ط	ت	ب	و	و
آ	د	ف	ل	ر	ن	ث	ش	چ	م	خ	ت	ع	ژ
گ	ع	ا	پ	گ	ز	آ	ل	م	ک	ر	و	ل	ف
ج	ی	د	ر	ق	ن	ص	م	ن	ژ	د	گ	ذ	ب

درخت
توت
بامبو
گیاه شناسی
کاکتوس
بوش
رشد
پیچک
چمن
لوبیا

کود
گل
فلور
شاخ و برگ
جنگل
باغ
خزه
گلبرگ
ریشه
زندگی گیاهی

16 - Spezie

ئ	م	ي	ض	پ	غ	چ	چ	ع	ذ	ص	پ	و	ش
گ	گ	ش	ن	ی	ز	غ	ه	خ	ت	ص	ر	ا	ی
د	ز	ع	ف	ر	ا	ن	ر	و	و	ژ	ت	ن	ر
ژ	ا	پ	م	ه	ن	ا	ی	ز	ا	ر	ل	ی	ی
ا	ر	ر	ط	ع	م	ی	ز	ع	ط	پ	خ	ل	ن
ز	ف	ق	چ	س	ب	ب	ي	ر	ی	س	ذ	ف	ف
ن	ظ	ی	ش	ی	ژ	ن	ف	ع	د	ت	ف	ل	ه
پ	ی	ا	ز	ر	ن	ی	ف	ظ	ن	چ	ش	ف	ن
ئ	ص	و	ض	ا	ل	ر	ي	ث	ه	آ	و	ط	چ
ز	ت	ذ	غ	ک	ج	ی	ژ	چ	ز	ظ	ش	ب	ف
ت	ی	غ	ق	ي	ک	ش	ث	چ	و	م	ا	ا	ه
ف	ل	ف	ل	ق	ر	م	ز	س	ج	م	ی	ث	ذ
ج	ئ	ز	ل	ی	ب	ج	ن	ز	ص	ث	خ	ن	غ
ژ	ش	ق	ن	ب	د	م	ی	م	ک	ش	ی	آ	ض

سیر
تلخ
دارچین
هل
پیاز
گشنیز
زیره
زردچوبه
کاری
شیرین

رازیانه
طعم
شیرین بیان
جوز هندی
فلفل قرمز
فلفل
نمک
وانیل
زعفران
زنجبیل

17 - Numeri

ژ	ن	ه	ط	ئ	ژ	ط	ث	ز	ژ	ط	ج	آ	ث
ح	ل	ق	ي	ح	ق	ج	ق	ت	خ	چ	گ	و	ج
س	ت	م	ظ	ج	ظ	ن	د	ج	چ	ه	ا	ر	ح
ئ	ی	م	ب	ک	ئ	ب	ی	س	ت	ض	ت	د	و
ن	ث	ز	ا	ع	ش	ا	ر	ی	ف	ه	ش	ت	ت
ظ	گ	ج	د	ط	ش	ق	ک	گ	ه	د	ج	ه	ق
ج	ط	م	ض	ه	د	و	ا	ز	د	ه	س	و	س
ی	ض	گ	ی	د	د	ل	ظ	د	ز	د	د	ر	غ
ی	س	و	ط	ر	گ	ز	پ	ط	و	ش	ف	ف	د
ژ	ی	ح	گ	ا	ز	ب	ن	س	ن	د	ز	ص	ه
ض	ظ	ئ	پ	ه	غ	ع	ج	ا	ی	ا	ف	ز	ع
ت	ت	آ	ن	چ	پ	ک	گ	ت	ش	آ	چ	ا	خ
ف	ط	ظ	ج	ژ	د	و	پ	ا	ن	ز	د	ه	ظ
س	ض	ح	خ	ن	ش	ط	ن	ظ	غ	ل	ت	ت	آ

پنج
اعشاری
نوزده
هفده
هجده
ده
دوازده
دو
نه
هشت

چهارده
چهار
پانزده
شانزده
شش
هفت
سه
سیزده
بیست
صفر

18 - Cioccolato

ژ	ف	ص	ن	ع	ت	گ	ر	ی	ظ	ب	ع	ر	ی
ن	ا	د	ی	س	ک	ا	ی	ت	ن	آ	ج	ص	ي
ق	ن	د	ض	ي	ت	ا	ب	ن	ب	آ	ی	ت	ا
ئ	ص	پ	پ	ت	ي	ر	ک	ت	خ	ث	ب	م	س
ش	م	و	ع	ط	ر	ب	ص	ا	ل	ن	و	و	ش
ت	ل	د	ک	ا	ر	ا	م	ل	ئ	خ	غ	ر	و
ل	ح	ر	ض	چ	ث	ز	ن	ذ	ص	و	ر	د	گ
ب	ا	د	ا	م	ز	م	ی	ن	ی	ح	ی	ع	ن
ت	ز	ئ	ق	ی	خ	ع	ر	ک	ض	ض	ب	ل	ئ
ک	ی	ف	ی	ت	ل	و	ی	ن	ف	ت	س	ا	ح
س	ر	ا	ل	ز	پ	ض	ش	ن	ض	ر	م	ق	ث
د	ل	آ	ب	و	ا	ژ	آ	م	ط	ع	م	ه	ک
ا	ا	ر	ع	ن	پ	ص	گ	ء	ز	ج	ن	خ	ث
ز	ک	ض	آ	ن	ا	ر	گ	ی	ل	ه	ج	ط	س

تلخ
آنتی اکسیدان
بادام زمینی
عطر
صنعتگری
کاکائو
کالری
آب نبات
کارامل
خوشمزه

شیرین
عجیب و غریب
طعم
جزء
نارگیل
پودر
مورد علاقه
کیفیت
قند

19 - Guida

ژ	د	ظ	ح	خ	ي	ض	گ	ذ	ر	ذ	ه	ض	ک
ث	ئ	ذ	م	ع	ا	ب	ر	پ	ی	ا	د	ه	س
ث	ع	گ	ل	ئ	ح	ع	ط	ت	ج	ن	ا	ش	ر
ت	چ	ز	و	ج	م	ژ	خ	ص	ض	غ	ج	ق	ع
ت	ص	ر	ن	ی	ش	ا	م	ا	چ	ذ	ظ	ن	ت
پ	ر	ب	ق	م	ذ	ف	ر	د	ا	ی	م	ن	ی
ل	ظ	ا	ل	ی	آ	ذ	غ	ف	آ	ت	ت	ص	ل
ی	خ	ي	ف	م	و	ت	و	ر	س	ی	ک	ل	ت
س	ص	ي	ف	ی	ا	گ	م	ن	ت	ذ	ح	ع	ف
ت	ر	م	ز	ط	ک	ت	س	و	خ	ت	ن	ف	ط
ک	و	ص	ا	ب	ت	ذ	و	ث	ث	ذ	ب	آ	ا
ر	ت	ل	گ	و	ث	و	ط	ب	غ	آ	ض	ق	ي
ژ	و	گ	ا	ر	ا	ژ	ن	ج	و	ب	ن	ژ	ز
س	م	ش	ح	ی	ي	ص	غ	ل	ي	س	ث	ح	چ

ماشین
اتوبوس
سوخت
ترمز
گاراژ
گاز
تصادف
مجوز
نقشه
موتورسیکلت

موتور
عابر پیاده
خطر
پلیس
ایمنی
جاده
ترافیک
حمل و نقل
تونل
سرعت

20 - I Media

ا	ق	ی	ژ	ن	ش	ا	ت	ح	ص	ی	ل	ا	ت
ث	ی	آ	ص	س	ب	ر	د	ت	ل	گ	خ	غ	ژ
ن	ا	ن	پ	خ	ک	ت	ع	ا	ص	ک	ش	ت	و
ذ	ق	ت	ت	ه	ه	ب	آ	ل	م	ا	ژ	ی	خ
ژ	ح	ئ	ج	ر	آ	ا	ا	ج	ا	ح	و	و	ص
ل	ت	ن	ت	ا	ن	ط	س	م	ل	خ	ک	ی	ي
ص	ب	ظ	ل	ر	ر	ت	ف	ک	ر	ی	ر	د	ر
ن	ل	ر	و	ع	چ	ی	و	م	ح	ل	ی	ا	ظ
ع	ی	م	ی	ظ	ج	ی	ط	ا	چ	ا	ج	ر	ز
ت	غ	آ	ز	و	ع	و	ک	ظ	گ	ت	ظ	ز	آ
ع	ا	م	ی	ژ	م	ت	ض	ي	ی	ی	ر	ف	ذ
ظ	ت	ک	و	ش	و	ش	خ	ص	ی	ج	ظ	ذ	ل
چ	ئ	ن	ن	آ	م	ي	ف	ک	ی	ی	ئ	ر	ط
ع	ک	س	غ	ب	ی	ص	ج	و	ئ	د	گ	ئ	ر

تجاری
ارتباط
دیجیتال
نسخه
تحصیلات
حقایق
عکس
تصاویر
شخصی
صنعت
فکری
محلی
اینترنت
نظر
تبلیغات
عمومی
رادیو
شبکه
مجلات
تلویزیون

21 - Forza e Gravità

ا	ص	ط	ک	ا	ک	د	ق	ط	ذ	ق	ژ	ف	ژ
ج	آ	و	د	و	د	ش	ژ	خ	آ	س	ذ	ش	ق
ه	ف	م	ت	ذ	س	ح	ئ	ب	ح	ک	ظ	ا	ت
ا	ی	ژ	د	ک	ب	ر	ف	ا	ص	ل	ه	ر	ظ
ن	ز	چ	خ	ا	ی	و	پ	س	ی	ص	چ	س	ش
ی	ی	پ	ت	ک	ر	ح	س	ی	ط	ا	ن	غ	م
ق	ک	ی	ن	ا	ک	م	ئ	ا	م	و	ا	ز	غ
ت	خ	ی	خ	چ	س	خ	ن	ر	غ	خ	م	آ	و
ز	ژ	ل	ذ	چ	ت	خ	ط	ا	ل	غ	ز	ج	پ
ک	ل	ج	آ	م	غ	ض	ف	ت	ع	ک	آ	ح	ل
ر	ش	ر	ت	س	گ	م	خ	ظ	ج	ب	ژ	ض	پ
م	چ	ف	ي	ل	ي	ش	ق	ث	ت	ژ	ز	س	گ
س	ر	ع	ت	و	گ	ا	ع	د	ق	س	ز	ذ	م
س	ث	ی	ث	ق	ک	ر	ع	پ	ک	آ	ر	ر	ی

محور
اصطکاک
مرکز
پویا
فاصله
گسترش
فیزیک
مغناطیس
مکانیک
حرکت

مدار
وزن
سیارات
فشار
خواص
کشف
زمان
جهانی
سرعت

22 - Sport

د	ی	ش	ح	ظ	ا	ش	ی	ز	ک	م	ج	ت	ط
و	ف	ر	ظ	ض	ف	س	ت	ی	ب	ق	ل	و	ن
چ	د	ژ	ج	ض	ئ	ب	ت	س	س	ژ	ک	ا	غ
ر	ه	ی	ذ	غ	ت	ب	ر	ح	آ	ئ	ک	ن	ر
خ	ع	م	خ	ظ	ي	ظ	ا	ن	ک	ل	ش	ا	ا
ه	ب	غ	و	ي	ن	ا	ک	د	ا	ا	ش	ی	س
س	ل	ذ	ع	خ	ب	خ	ش	ب	د	م	م	ی	ت
و	ص	ا	ص	ض	و	چ	ز	ت	و	د	ه	ف	خ
ا	ذ	ی	ن	ط	ل	ق	ر	ب	ی	ذ	ي	و	و
ر	ث	ی	خ	ب	ح	ا	و	ر	د	ص	ق	ر	ا
ی	ت	م	ا	ل	س	ح	ت	ی	ن	ک	ک	ز	ن
ح	د	ا	ک	ث	ر	ک	ر	د	ن	گ	ر	ش	ث
ز	گ	م	ت	ا	ب	و	ل	ی	ک	م	ر	ب	ی
س	ح	ح	ج	ئ	م	ا	س	ت	ق	ا	م	ت	ح

مربی
ورزشکار
توانایی
دوچرخه سواری
بدن
رقص
رژیم غذایی
استحکام
دویدن
حداکثر کردن

متابولیک
عضلات
تغذیه
هدف
استخوان
برنامه
استقامت
سلامتی
ورزش
کشش

23 - Caffè

ت	س	ی	ا	ه	ن	ر	د	ب	ئ	ک	ر	م	گ
م	ن	ط	ش	آ	ب	ب	ژ	ا	و	خ	ت	ط	ژ
ی	آ	و	ر	ن	ک	ذ	م	س	خ	ی	ل	ی	ع
ق	ژ	ل	ع	آ	ب	ئ	ض	ی	ژ	پ	ی	آ	ی
ن	ا	ح	پ	و	پ	ع	ر	د	ن	ق	ف	س	ا
ي	و	ا	ق	ب	ج	چ	ت	ی	ج	ل	ث	ی	م
چ	ط	ش	ژ	س	د	ح	ج	ر	ا	ئ	ت	ا	د
ص	ب	ح	ی	ت	ل	خ	ک	گ	م	ح	ر	ب	د
ط	ع	م	ژ	د	خ	م	ا	ض	ظ	د	ر	ک	ب
گ	چ	م	و	ح	ن	م	ف	ش	ی	ر	ب	ر	پ
ح	ث	آ	ش	ی	چ	ی	ئ	و	ظ	گ	ت	د	چ
خ	ا	ج	ا	ت	خ	ف	ی	غ	ي	ذ	گ	ن	گ
غ	غ	ن	ش	ق	م	م	ن	ض	ی	ر	ژ	ج	گ
ا	ح	گ	ف	ل	ص	غ	ج	غ	ذ	ص	خ	ظ	ع

اسیدی
آب
تلخ
عطر
نوشیدنی
کافئین
کرم
فیلتر
طعم
شیر
مایع
آسیاب کردن
صبح
سیاه
قیمت
جام
تنوع
قند

24 - Uccelli

ئ ا ز ا غ ف د ا ق ظ پ ح و ث
س ر ک ز ت ل و ی د ض ص ث پ ب
گ ا م و س ا و ل ج چ ر ل ک م
ع ی ک ق ض م ط ق غ ل ی د د ج
ق ا غ آ ژ ی ب ی د ک آ چ ع ت
ن آ س ص ر ن ط گ ا ش ش ش ع ا
ه ت خ ا ف گ ط ن ئ ج ب ا ق ع
ح ش ط ي و و غ ر م ن ئ و ث م
و ا ی ر آ ر ص پ ن گ و ئ ن ي
ا ه د پ م ب س ن ک ر ت و ب ک
ص ی ن ر ث ا ط ح ئ ک ی ط و ط
ی ن ت ل س ر ی ض ف س و و ا ط
ل ش ي ژ پ د ت چ ض ص ت د ز س
ر ا ل ک ل ک و ي غ ر م م خ ت

حواصیل
اردک
عقاب
لک لک
قو
فاخته
شاهین
فلامینگو
جغد
غاز

طوطی
گنجشک
طاووس
پلیکان
کبوتر
پنگوئن
مرغ
شترمرغ
توکان
تخم مرغ

25 - Giorni e Mesi

ص	ض	س	ث	ه	ع	م	ج	ک	چ	ي	ژ	ض	ي
ی	ک	ش	ن	ب	ه	ی	و	ن	ا	ژ	ئ	پ	ع
ف	ت	ط	و	ن	ب	ذ	م	ا	ه	ش	ث	ذ	ز
ن	و	ذ	آ	ش	ن	خ	ي	ذ	ب	ک	ع	ض	ش
ز	غ	ر	س	و	ش	ت	ي	ي	ن	ن	د	ر	س
ئ	ا	ب	ی	د	ه	د	ق	د	ش	ص	س	و	ي
ف	ع	ت	آ	ه	س	ض	آ	و	آ	ل	ا	س	ح
ر	ز	ک	و	د	ل	ک	ش	ن	ی	م	م	م	ا
د	ح	ا	ر	ئ	ف	ر	س	خ	ا	م	ب	آ	و
ک	ا	ظ	ی	ن	ن	ن	ل	و	ل	ا	ر	ئ	ت
پ	ت	د	ل	ط	ژ	ج	س	گ	و	ل	ظ	ی	ف
چ	ه	ا	ر	ش	ن	ب	ه	چ	ج	ه	ف	ت	ه
ئ	ط	خ	ا	خ	ل	ج	گ	غ	د	ع	م	پ	ن
س	پ	ت	ا	م	ب	ر	ن	و	ا	م	ب	ر	ض

اوت
سال
آوریل
تقویم
دسامبر
یکشنبه
فوریه
ژانویه
خرداد
جولای

دوشنبه
سه شنبه
چهارشنبه
ماه
نوامبر
اکتبر
شنبه
سپتامبر
هفته
جمعه

26 - Casa

ش	ر	ف	م	آ	ع	ق	ي	ن	ت	ر	د	ق	ز
ک	و	ب	ظ	ئ	ش	ج	ي	ر	ح	ث	ی	ل	ن
ت	ر	م	ض	ط	ل	پ	ع	د	ح	ح	و	ا	ح
ا	ا	ا	ی	ث	پ	خ	ز	ه	آ	غ	ا	م	م
ب	ج	م	د	ن	م	و	ذ	خ	غ	خ	ر	پ	ع
خ	س	ح	و	س	ه	س	ذ	ق	ا	ت	ا	س	ف
ا	غ	ت	ش	ج	ن	ق	ق	س	ب	ن	ن	ن	ا
ن	غ	ز	ژ	خ	ی	ف	خ	ی	ج	ث	ه	ن	ه
ه	س	ن	ق	پ	آ	ق	آ	ق	ذ	ژ	گ	پ	د
پ	م	و	ج	ق	س	ي	ظ	ک	ي	ص	س	د	ی
ب	ق	آ	ح	ف	ض	ا	و	ش	ص	د	ر	ب	ل
آ	ع	چ	گ	ا	ر	ا	ژ	ص	ئ	گ	ل	ف	ک
ب	آ	ی	ا	ف	س	ژ	ن	پ	س	ک	ض	ح	گ
ي	ي	ف	ح	ث	ث	خ	پ	ن	ج	ر	ه	ج	ا

حمام
کتابخانه
اتاق
شومینه
خانه
کلیدها
آشپزخانه
دوش
پنجره
گاراژ

باغ
لامپ
دیوار
کف
درب
نرده
جارو
آینه
فرش
سقف

27 - Fantascienza

ي	ح	گ	ع	ئ	ک	ت	ا	ب	ه	ا	ذ	ئ	خ
ج	ز	ج	ه	ل	ض	ا	ف	ه	ن	ی	د	م	ک
ص	ز	ث	ه	ک	ز	غ	ص	ا	ب	ث	ز	ص	ع
خ	ی	ک	ا	ا	م	ن	ی	س	ط	و	و	ج	ن
ی	ض	خ	ظ	ر	ن	ا	ژ	ی	ک	خ	م	ت	ذ
ا	آ	ا	ر	و	ح	ش	و	س	ی	ا	ر	ه	خ
ل	ی	ن	ژ	ا	ح	ک	ل	ی	ن	ا	م	گ	ع
ی	ن	و	ت	گ	ش	ه	و	ص	ر	ر	م	ا	ن
ظ	د	ف	ژ	ج	ل	ک	ن	ي	ل	ا	ل	م	ص
ح	ه	ظ	ص	ن	س	ن	ک	س	چ	ج	ن	س	خ
آ	ن	ا	گ	ل	ی	ش	ت	آ	ر	ف	ژ	س	ف
ق	گ	ز	ت	ا	م	ف	ر	ط	ی	ن	غ	ل	ص
گ	ر	ت	ح	م	ه	و	ت	غ	و	ا	ل	ن	خ
ق	چ	ی	ي	ا	ی	پ	و	ت	س	ی	د	ئ	ظ

اتمی
سینما
دیستوپیا
انفجار
مفرط
آتش
آینده نگر
کهکشان
توهم
خیالی

کتابها
مرموز
جهان
اوراکل
سیاره
رمان
سناریو
تکنولوژی
مدینه فاضله

28 - Città

گ	ق	ب	ف	ن	ا	ن	و	ا	ی	ی	ک	ب	ی
ل	خ	ا	ر	ا	ز	ا	ب	ق	د	ژ	ت	آ	د
ف	ت	غ	و	و	ر	ز	ش	گ	ا	ه	ا	ا	ا
ر	ر	و	ش	ی	ا	م	ن	ق	ض	ح	ب	ژ	ن
و	ق	ح	گ	ض	ش	چ	و	ق	ئ	ي	ف	ک	ش
ش	ه	ش	ا	ط	د	م	ف	گ	ن	ش	ر	ت	گ
خ	ذ	ن	ه	ا	گ	ن	ا	م	ر	د	و	ا	ا
ت	ک	ر	ا	م	ر	پ	و	س	ل	ه	ش	ب	ه
پ	ئ	ظ	ظ	خ	س	غ	ژ	ض	م	ت	ی	خ	ث
ئ	س	ک	ف	ر	و	د	گ	ا	ه	ل	د	ا	ژ
س	ی	ن	م	ا	ي	ر	م	ق	ي	س	ذ	ن	ج
ذ	چ	ا	م	ش	غ	ر	ا	و	پ	پ	ر	ه	ص
ش	د	ب	و	ر	خ	س	و	د	ز	چ	ی	د	ج
گ	ا	ل	ر	ی	ز	ع	ي	آ	پ	ه	ئ	ل	م

فرودگاه
بانک
کتابخانه
سینما
درمانگاه
داروخانه
گلفروش
گالری
هتل
کتابفروشی

بازار
موزه
فروشگاه
نانوایی
مدرسه
ورزشگاه
سوپرمارکت
نمایش
دانشگاه
باغ وحش

29 - Fattoria #1

ک	آ	ث	د	خ	گ	و	س	ا	ل	ه	ت	ت	ي
ز	و	ج	ث	و	پ	غ	ک	ا	ض	م	ع	ض	ط
ف	ب	س	گ	ک	گ	ن	ف	ع	ث	پ	ب	ج	ش
ض	س	ر	ش	ق	ئ	ر	ل	ي	و	ث	آ	م	ز
خ	ا	خ	ن	ا	م	د	گ	ا	و	ع	س	ل	ا
ژ	س	ض	ج	ج	ک	ه	چ	ز	د	ا	ن	ه	ح
ي	گ	ج	پ	پ	و	ل	و	ی	م	ئ	آ	آ	ب
ي	ر	د	ک	ژ	د	گ	ذ	س	و	ی	م	ر	غ
ژ	ب	آ	ش	ف	ز	ر	ق	م	ب	ن	ن	ئ	ب
ظ	ه	گ	ا	ا	ي	ا	ژ	ل	ذ	ص	ج	ه	ئ
ط	ظ	چ	و	ي	م	ج	ز	ا	ض	ف	گ	ه	گ
ض	ر	ی	ر	ز	ن	ب	و	ر	ع	س	ل	ز	ا
د	ث	ص	ز	ب	ص	ص	ژ	ق	ض	ژ	ک	ج	ح
ظ	ئ	ح	ی	ز	ظ	ش	ی	ض	ع	ن	ط	ژ	ی

آب
کشاورزی
زنبور عسل
خر
زمینه
سگ
بز
اسب
کود
یونجه
گربه
گله
خوک
عسل
گاو
مرغ
نرده
برنج
دانه
گوساله

30 - Psicologia

ئ	ی	پ	ب	ز	ل	ص	ت	خ	ا	ن	ش	ل	ب
غ	ر	س	ا	س	ح	ا	ق	ج	ر	ب	ک	س	ر
ع	ط	خ	ل	ک	ش	م	ب	د	ر	آ	چ	ش	ف
د	ر	ت	ی	ک	د	و	ک	چ	ح	ب	ي	د	ت
د	ژ	ذ	ن	ا	ش	و	ن	ق	م	د	ی	ت	ا
ا	ر	ا	ی	ک	خ	ا	ا	ر	ی	ط	ل	ا	ر
ط	ح	م	غ	ک	ص	ق	خ	ا	ب	س	آ	س	ت
گ	گ	پ	ا	ي	ی	ع	و	ر	ا	س	ر	ا	چ
ل	د	ت	ث	ن	ت	ی	د	م	ی	ف	ز	س	ظ
د	ر	گ	ی	ر	ی	ت	آ	ل	ز	ن	ک	ح	ی
ا	د	ر	ا	ک	ژ	ز	گ	ا	ر	س	ز	ا	ل
ق	ح	گ	پ	ح	ن	ي	ا	ق	ا	غ	ي	ر	ر
ذ	ژ	ر	د	ا	ذ	ا	ه	ا	ی	و	ر	ئ	ش
ز	ف	ا	ع	و	ذ	ع	ق	ت	ا	ر	ط	ا	خ

قرار ملاقات
بالینی
شناخت
رفتار
درگیری
نفس
احساسات
تجربیات
ناخودآگاه
کودکی

افکار
ادراک
شخصیت
مشکل
واقعیت
خاطرات
احساس
رویاها
درمان
ارزیابی

31 - Paesaggi

س	ر	ت	ي	ش	ک	و	ی	ر	ز	ک	س	ع	چ
ل	ا	پ	ج	ب	ط	خ	ئ	ع	ظ	غ	س	ق	غ
ل	ی	ه	ن	ه	و	ک	ت	ي	ن	پ	ا	د	خ
ش	د	ت	ر	ج	ا	ر	د	ن	ت	ق	ح	و	ت
و	ا	ح	ه	ز	ک	و	ی	م	ر	ا	ل	س	و
خ	ل	ی	ج	ی	و	د	ا	خ	ت	ل	ظ	ی	ا
ت	آ	خ	ث	ر	ه	خ	ق	ذ	چ	ت	ج	ض	ئ
ض	ت	و	ج	ه	ی	ا	ی	ع	ي	ا	ی	ر	د
د	ش	ی	ع	ر	خ	ن	ا	ک	ث	ب	ل	ا	م
ر	ف	ژ	ژ	د	س	ه	ن	آ	ج	گ	ذ	غ	ژ
ی	ش	پ	ت	ز	ذ	خ	و	ق	ب	ز	ث	ن	آ
ا	ا	ث	ا	ی	ق	ي	س	ش	ج	ش	ی	و	ض
چ	ن	ط	ض	ز	گ	ش	ف	ک	ک	ر	ا	ر	س
ه	پ	چ	ح	ط	ب	ح	ط	ز	ل	ک	ت	ر	ه

آبشار
تپه
کویر
رودخانه
یخچال
خلیج
غار
کوه یخ
جزیره
دریاچه

دریا
کوه
واحه
اقیانوس
باتلاق
شبه جزیره
ساحل
تندرا
دره
آتشفشان

32 - Energia

ج	ت	ث	ف	پ	ب	ج	ر	ژ	چ	چ	ض	آ	م
د	و	پ	ا	ر	ک	ژ	ل	ن	ئ	س	و	ع	ج
ه	ر	پ	ظ	گ	ي	پ	ظ	ج	چ	ح	ظ	م	ف
ی	ب	ر	ی	ذ	پ	د	ی	د	ج	ت	ع	ن	ص
د	ی	ن	آ	ل	و	د	گ	ی	ا	ه	ت	س	ه
ر	ن	ی	ت	گ	ر	ذ	ب	ر	ق	ی	ب	ض	خ
و	س	ز	ژ	م	ت	ع	ب	ق	ذ	ش	ن	ئ	ج
ژ	ف	ص	ح	ذ	ن	ق	ط	خ	ک	ض	ز	ن	ص
ن	غ	و	ج	ج	آ	ل	ی	ک	ا	ظ	ی	و	ق
ش	ف	ا	ت	ر	ا	ر	ح	ل	د	ر	ن	ر	م
س	و	خ	ت	و	ا	ط	م	ظ	ش	ی	ف	ت	و
ب	ا	ت	ر	ی	ن	ب	ر	ک	ذ	م	ز	ک	ت
ب	ا	د	غ	خ	ف	ط	ض	ش	م	ط	ن	ل	و
ص	ع	و	غ	ل	ن	ح	ط	ع	ک	ش	ی	ا	ر

محیط
باتری
بنزین
حرارت
کربن
سوخت
دیزل
برقی
الکترون
آنتروپي

فوتون
هیدروژن
صنعت
آلودگی
موتور
هسته ای
تجدید پذیر
توربین
بخار
باد

33 - Ristorante #2

خ	پ	ض	ض	ق	ش	ا	م	ي	م	ا	ي	ق	ق
و	و	ث	ک	ک	ی	ک	ض	ص	ا	ت	ژ	ا	م
ز	س	ش	ب	ت	ل	خ	ص	م	ه	ق	ئ	ش	ع
ي	ی	ي	م	م	ئ	ظ	ش	د	ی	م	ع	ق	ل
ی	ث	ط	ا	ز	چ	ن	گ	ا	ل	ی	ن	م	ک
ل	ش	ک	چ	و	ه	ی	و	د	ا	و	ط	ت	ع
د	ا	ل	ا	س	ق	ن	و	س	ت	ه	ث	خ	آ
ن	ا	ه	ا	ر	ئ	د	ث	ض	ر	ط	ق	م	ب
ص	ع	ث	م	ص	ث	ی	د	ف	ي	ا	ف	م	پ
خ	ک	ش	ص	س	ا	ش	ي	ق	د	چ	گ	ر	ي
م	ظ	ب	ص	ص	ق	و	ح	ی	ا	م	ع	غ	ا
ی	ص	ا	ئ	ش	ط	ن	س	ب	ز	ی	ج	ا	ت
ذ	و	م	ئ	گ	ع	ئ	ئ	ت	ض	ژ	ژ	غ	د
ض	ب	ظ	ت	ط	ث	و	ي	م	ض	ي	ع	ج	ی

آب
نوشیدنی
گارسون
شام
قاشق
خوشمزه
چنگال
میوه
یخ
سالاد
سوپ
ماهی
ناهار
نمک
صندلی
ادویه
کیک
تخم مرغ
سبزیجات

34 - Moda

س	م	پ	گ	ظ	م	ک	ل	ک	ج	ث	آ	گ	د
ق	ی	ل	ل	ز	ک	ص	ئ	و	گ	ل	ا	ک	ن
ر	ن	ث	د	غ	ی	ف	ژ	ک	ف	ز	م	ئ	و
م	ی	ک	و	ض	ط	پ	ا	ر	چ	ه	ع	ل	ر
ز	م	خ	ز	خ	ش	پ	ط	ي	ظ	ذ	ی	ر	م
گ	ا	ض	ی	غ	ظ	م	ف	گ	د	ل	ل	ف	پ
آ	ل	ص	ف	ر	و	ت	ن	س	ص	گ	م	غ	ی
ا	ی	ی	ر	و	ت	ز	ر	ا	ح	ت	ع	ئ	چ
ا	س	ت	ل	ط	ی	م	د	د	ت	ف	ا	ب	ی
ظ	ت	ک	ذ	ب	ی	ص	م	ه	ن	ا	ر	گ	د
ب	م	ز	ا	ص	ن	ی	ز	گ	ئ	ک	ب	س	ه
ژ	ي	ث	چ	ذ	چ	ث	ک	پ	ئ	ر	خ	ل	ی
غ	ب	ز	غ	ئ	ک	ی	ت	و	ب	س	ا	ب	ل
ت	ظ	ی	ع	آ	ع	ز	ر	ک	ی	ح	ئ	ل	ج

لباس
بوتیک
گران
راحت
زیبا
مینیمالیست
الگو
مدرن
فروتن
اصلی

توری
عملی
دکمه
گلدوزی
ساده
پیچیده
سبک
روند
پارچه
بافت

35 - L'Azienda

ل	ذ	ژ	ى	ئ	ض	م	د	ز	م	ت	س	د	ط
ر	ک	ت	ن	پ	ژ	د	ر	پ	ى	ش	ر	ف	ت
ش	و	ع	ز	ي	ا	ض	آ	ج	ا	آ	ذ	ي	ى
ى	خ	ن	ل	و	ص	ح	م	س	ى	غ	ص	ي	ف
ع	ل	ص	د	ث	ئ	ض	د	ر	ع	ب	ط	ظ	ى
ب	ا	ه	د	ح	ا	و	ش	م	ى	م	ص	ت	ک
ا	ق	ط	د	ن	ر	پ	ي	ا	خ	ژ	چ	ر	ز
ن	م	ض	ذ	ز	ئ	ف	ظ	ى	ل	خ	س	ه	خ
م	ق	ک	ج	چ	د	آ	ح	ه	ا	ط	ا	ش	ث
گ	ق	ى	ا	ه	ف	ر	ح	گ	ق	ر	ر	ن	ط
س	د	ک	ق	ن	ا	ذ	ظ	ذ	ا	ا	ا	ژ	م
ا	ش	ت	غ	ا	ل	ن	ذ	ا	ن	ت	ئ	غ	پ
ض	ط	ط	ع	ش	گ	چ	ى	ر	ه	چ	ه	ا	ث
ع	ز	ر	ع	ئ	ر	چ	ي	ى	د	ي	ژ	ي	م

خلاق
تصميم
جهانی
صنعت
خلاقانه
سرمايه گذاری
اشتغال
امكان
ارائه
محصول
حرفه ای
پيشرفت
كيفيت
درآمد
شهرت
خطرات
منابع
دستمزد
روند
واحدها

36 - Giardino

ا	ظ	ف	ض	ش	و	ب	گ	س	ي	ژ	پ	ط	گ
ض	ش	ر	ک	ل	ی	ب	آ	و	ت	ش	ا	ف	ل
ن	گ	ر	ل	ن	ع	گ	ع	ذ	ي	ق	ر	ت	ر
ف	ت	خ	ک	گ	پ	ل	د	ر	خ	ت	ن	ع	م
و	ژ	ا	ر	ا	گ	ج	ف	چ	م	ن	ق	ز	ث
ث	ق	ک	ا	ت	ش	و	پ	ه	ث	ر	ي	ژ	پ
ا	ی	و	ا	ن	ع	ن	ي	ز	ا	ن	آ	ب	م
ف	چ	ن	ب	گ	گ	ا	ژ	خ	پ	ی	ر	س	ف
غ	گ	چ	ر	و	ئ	ب	س	د	ذ	ط	ه	د	س
گ	ل	ص	ک	ذ	آ	ح	ا	ش	ن	ک	ش	ر	ه
خ	و	ب	ه	ق	ژ	گ	ر	غ	ع	ج	ب	ط	ز
ا	ف	گ	گ	ی	م	ا	ت	ک	م	ی	ن	گ	م
ت	ر	ا	م	پ	و	ل	ی	ن	پ	پ	ق	ع	ا
ر	ر	ج	گ	ح	ر	ل	و	گ	ل	و	ط	ظ	ب

درخت
بانوج
بوش
چمن
علف های هرز
گل
گاراژ
باغ
بیل
نیمکت

ایوان
شن کش
نرده
برکه
خاک
تراس
ترامپولین
شلنگ
تاک

37 - Frutta

ه	ظ	ظ	ت	ز	چ	ط	س	ا	ل	ی	گ	آ	ش
ئ	ل	پ	ا	پ	ا	ی	ا	ن	ط	ت	و	ل	د
د	م	و	س	ی	ب	ل	ش	ب	خ	ل	ي	ی	ز
ش	ل	ی	ل	ع	ز	و	م	ه	ب	گ	پ	م	ئ
ل	ا	آ	م	ط	ز	ر	ي	و	ب	ل	ب	و	ا
آ	و	و	ک	ا	د	و	د	ص	ژ	ا	ش	ک	ل
آ	ل	و	گ	ظ	ت	خ	ث	آ	ط	ب	ث	ج	ذ
آ	ن	ا	ن	ا	س	ن	ر	و	ل	ی	و	ی	ک
ا	ض	م	ظ	گ	ن	ا	ي	ب	غ	و	ز	ح	س
ن	ژ	ج	ظ	ذ	ث	ر	ر	ی	ز	پ	ت	و	ت
گ	ک	ف	ژ	ي	ی	ن	خ	خ	ر	ه	م	گ	ظ
و	ز	ن	ب	ج	ک	ج	غ	م	ز	د	ش	د	م
ر	ف	ف	ث	آ	ط	ی	ق	ن	ز	ی	ک	ک	ش
ش	ط	د	ذ	ج	چ	ا	ل	ج	چ	ذ	ط	ث	ب

زردآلو
آناناس
نارنجی
آووکادو
توت
موز
گیلاس
شکل
کیوی
تمشک

لیمو
انبه
سیب
خربزه
شلیل
پاپایا
گلابی
هلو
آلو
انگور

38 - Fattoria #2

ر	گ	گ	ل	ی	چ	ذ	ک	س	ح	ث	ن	د	ظ
گ	چ	ن	ا	ج	و	خ	ی	ی	ط	ش	ق	ذ	ن
و	غ	د	م	ش	پ	ت	ر	ذ	ط	ی	و	ظ	ر
س	ق	م	ا	غ	ا	ا	ن	ب	ا	ر	غ	ذ	ا
ف	ح	ی	و	ا	ن	ا	ت	ک	ش	ا	و	ر	ز
ن	ص	ل	ظ	ب	ح	ا	ه	ز	ا	غ	د	ج	ن
د	ئ	و	ل	ژ	ج	ر	ط	م	ش	ک	ز	ح	م
ظ	ل	ص	ق	گ	ل	ن	ز	غ	ن	ج	ک	ف	چ
ق	خ	ئ	ز	ط	و	ر	و	ت	ز	آ	ظ	ع	ج
چ	پ	ث	غ	غ	ژ	س	م	و	م	ز	ر	آ	ب
ص	آ	ب	ی	ا	ر	ی	ص	ژ	ح	آ	ب	ر	ل
ت	ر	ا	ک	ت	و	ر	ر	س	ی	د	ه	ش	ظ
ع	ئ	د	ل	ه	ق	د	ب	ث	ي	ص	چ	و	خ
ا	ع	ج	ق	ض	ب	ا	ئ	ح	ض	پ	ظ	آ	و

بره
کشاورز
اردک
حیوانات
غذا
انبار
میوه
باغ
گندم
آبیاری

لاما
شیر
ذرت
رسیده
غازها
جو
چوپان
گوسفند
چمنزار
تراکتور

39 - Verdure

ک	د	و	ت	ن	ب	ل	ل	غ	ا	ت	ط	ظ	غ
ک	ش	ز	ن	غ	ث	ذ	ی	ر	ف	ع	ج	ح	ژ
چ	ر	ا	ق	ي	ي	ل	ب	ذ	ي	ح	ش	خ	ل
ش	غ	ف	د	ر	گ	و	ج	ه	ف	ر	ن	گ	ی
م	ل	ق	س	ا	س	ف	ن	ا	ج	ی	و	ه	ک
و	ئ	غ	ض	ی	ل	ن	ز	و	ج	ل	ی	چ	ن
س	ذ	گ	م	خ	ز	ا	ی	پ	س	ک	ح	ب	گ
ی	س	ی	ر	ف	ف	ج	س	ظ	ی	و	ص	ر	ر
ر	ح	س	ض	ث	ج	م	ت	ل	ب	ر	ط	ت	ف
ث	ف	ص	ص	ض	خ	د	د	ژ	ز	ب	پ	ي	ر
ض	ي	ش	گ	ژ	آ	ا	ف	ئ	م	م	ت	ئ	ن
خ	چ	ط	ژ	ت	غ	ب	س	س	ی	ل	ی	ح	گ
ن	خ	و	د	ف	ر	ن	گ	ی	ن	ک	ث	غ	ی
ف	ظ	ق	ئ	د	ک	ظ	د	پ	ی	ر	ز	ع	ت

سیر
کلم بروکلی
کنگر فرنگی
هویج
خیار
پیاز
قارچ
سالاد
بادمجان
سیب زمینی

نخود فرنگی
گوجه فرنگی
جعفری
شلغم
تربچه
موسیر
کرفس
اسفناج
زنجبیل
کدو تنبل

40 - Musica

آ	پ	ث	ئ	ش	ژ	م	ش	ژ	گ	ژ	ن	ه	م
ه	د	ن	ن	ا	و	خ	ن	خ	پ	ب	م	ا	ل
ج	ا	ز	م	ع	ژ	ح	غ	خ	ث	ل	ب	ر	و
ب	م	ئ	ط	ر	ک	ت	ظ	ف	ر	ز	ا	م	د
ظ	ر	ي	ث	ا	م	و	ز	ی	ک	ا	ل	و	ی
ذ	ب	ع	غ	ن	ن	ر	س	ن	ه	و	ط	ن	م
ش	ک	ن	ا	ه	ا	و	ا	ص	و	آ	و	ی	ی
ا	پ	ر	ا	ن	و	ه	ا	ت	ر	ذ	آ	ک	ک
ر	ي	آ	ن	ا	خ	ک	ا	ز	گ	ئ	ض	ی	ر
ط	ی	آ	ق	ر	ب	ل	ض	ر	ن	ت	ل	م	و
ل	ئ	ت	ذ	ت	ض	ا	خ	ب	م	د	ل	ت	ف
آ	ل	ب	و	م	ئ	س	آ	ئ	ط	و	ه	ی	و
ا	ب	ز	ا	ر	م	ی	ت	س	م	ز	ن	ر	ن
ر	ی	ت	م	ن	ک	ک	ت	ح	ت	غ	د	ی	ق

آلبوم
هارمونی
هارمونیک
تصنیف
خواننده
بخوان
کلاسیک
گروه کر
ترانه
ملودی

میکروفون
موزیکال
نوازنده
اپرا
شاعرانه
ضبط
ریتمیک
ریتم
ابزار
آواز

41 - Barbecue

گ	ش	ب	ش	ح	ی	ش	ح	ص	ا	س	ج	ی	ح
غ	ر	م	غ	ا	ط	د	ش	ه	ت	ش	ن	ش	ت
ت	ن	س	د	ذ	م	ا	خ	و	ق	ا	چ	گ	ا
ص	م	ي	ن	غ	ع	غ	پ	ی	ا	ز	گ	د	ج
ذ	ک	ش	ی	گ	ي	س	س	م	و	س	ی	ق	ی
ض	ط	ژ	ش	س	ی	ز	ذ	غ	د	ي	گ	ت	ز
ب	غ	خ	ه	ئ	ن	ش	ز	ن	ع	ع	ن	ک	ب
ق	گ	س	د	چ	ت	ص	ت	و	و	ق	ر	ث	س
س	د	ن	ا	ت	س	ب	ا	ت	ت	ل	ف	ل	ف
آ	ا	ز	و	ت	ژ	ظ	ظ	ف	ض	ا	ه	ش	ع
م	پ	ل	ن	ا	ه	ا	ر	م	ح	خ	ج	ا	ط
آ	چ	ی	ا	ص	غ	ي	ز	غ	ص	ف	و	د	ي
س	ل	ر	خ	د	ا	ث	آ	ح	ف	غ	گ	ژ	ب
ح	ز	گ	ق	ث	و	ص	ل	ا	خ	ص	خ	ل	ظ

داغ
شام
غذا
پیاز
چاقو
تابستان
گرسنگی
خانواده
میوه
گریل

سالاد
دعوت
موسیقی
فلفل
مرغ
گوجه فرنگی
ناهار
نمک
سس
سبزیجات

42 - Riempire

ذ	ش	چ	ل	ق	ض	ز	ئ	و	ذ	ک	ط	ح	ن
ط	ض	خ	ب	چ	ح	غ	ح	ن	ا	ط	آ	ط	خ
گ	ي	ز	س	پ	ق	س	گ	ش	پ	ن	پ	ر	ن
و	ل	ئ	ت	ک	ا	پ	ا	ش	ص	ض	چ	ج	س
ذ	ی	د	ه	پ	و	ش	ه	ل	و	ل	ی	خ	ی
ذ	ط	ب	ا	غ	ک	ظ	ژ	ک	ا	ر	ت	ن	ن
ط	ب	س	ئ	ن	چ	ش	چ	ت	د	ب	ش	ا	ی
گ	ن	ص	گ	چ	ی	غ	و	ع	ص	و	ک	د	ل
ف	آ	ي	ر	ق	ئ	ا	ا	غ	پ	ئ	ز	م	چ
ک	غ	ر	ض	ط	ر	ق	ر	د	ق	و	گ	چ	ی
ی	ر	ط	ب	ی	ج	ع	ب	ه	ض	و	ح	د	و
س	ط	ز	ش	ج	ن	ت	ق	ح	م	ظ	ل	د	ع
ه	ض	ا	ئ	م	د	ح	ز	س	ط	ل	ح	ز	گ
ب	ش	ک	ه	ح	خ	ژ	م	ذ	و	ی	ذ	م	ع

حوضه
بشکه
کیسه
بطری
پاکت
پوشه
کارتن
کشو
سبد
کشتی
بسته
جعبه
سطل
جیب
لوله
چمدان
وان
گلدان
سینی

43 - Fisica

ی	ا	و	ق	ب	ذ	ش	آ	ث	ب	ی	گ	م	ش
ه	س	ت	ه	ا	ی	ر	ب	م	و	ي	ش	ک	ی
ی	ی	ی	ش	آ	ن	ت	ه	ش	ف	غ	ب	ا	م
ث	ط	ب	ي	م	ا	س	ج	ا	ذ	ب	ه	ن	ی
ت	ا	س	و	ج	ه	گ	ع	ف	چ	ن	ت	ی	ا
ا	ن	ن	ر	ش	ج	ت	ع	ر	س	گ	و	ک	ی
ف	غ	ط	ص	ظ	آ	ق	ع	م	ذ	و	ب	ي	ی
ق	م	ح	ر	ژ	ج	ر	ط	و	پ	خ	ئ	ض	ج
ل	ج	م	و	ل	ک	و	ل	ل	پ	س	س	ل	ي
ش	ئ	ت	ت	ا	ل	ک	ت	ر	و	ن	د	ئ	پ
ر	و	ر	و	ا	ت	ر	ا	ک	م	ا	ک	چ	ت
ث	چ	چ	م	ب	ف	ح	ص	خ	د	ک	غ	ز	چ
ر	ب	ب	ژ	ژ	ی	ت	ب	س	ا	ر	ع	آ	س
ز	و	ز	غ	ش	ت	ا	ب	ع	ث	ف	گ	ا	ز

شتاب
اتم
آشوب
شیمیایی
تراکم
الکترون
گسترش
فرمول
فرکانس
گاز

جاذبه
مغناطیس
مکانیک
مولکول
موتور
هسته ای
ذره
نسبیت
جهانی
سرعت

44 - Erboristeria

ث	چ	س	خ	ی	چ	ئ	چ	خ	ئ	گ	گ	ک	م
ز	ي	ی	گ	و	ر	ل	ذ	س	ب	ز	ظ	ی	گ
ر	ر	ز	م	ا	ر	ی	ر	ف	ع	ج	د	ف	خ
ر	ی	ت	ا	ص	ر	م	ئ	ش	ي	غ	ظ	ی	غ
ر	س	ح	ر	پ	ل	ا	ئ	گ	ب	ا	غ	ت	ط
ش	ف	س	ا	خ	چ	ب	ز	ل	ض	ج	گ	پ	ت
ذ	گ	ب	ط	ن	و	ن	ش	ی	و	آ	ث	ج	ک
ش	چ	ث	ط	ا	ض	ن	و	ب	ا	ذ	ض	ز	پ
ر	ح	د	ي	ج	م	ش	ی	ئ	م	ن	خ	ء	ج
ن	ب	ذ	ق	ر	ع	ص	د	ي	ئ	ط	ه	ح	ی
ع	ا	ک	گ	م	ط	پ	و	ن	ه	ک	و	ه	ی
ن	ق	ح	ظ	ر	ر	ط	ر	ی	ل	ژ	ی	س	ز
ا	ا	س	ط	و	خ	و	د	و	س	ذ	ل	ا	م
ع	آ	ش	پ	ز	ی	ز	ع	ف	ر	ا	ن	س	ذ

اسطوخودوس
مرجان
نعناع
پونه کوهی
جعفری
کیفیت
رزماری
آویشن
سبز
زعفران
سیر
شوید
معطر
ریحان
آشپزی
ترخون
رازیانه
گل
باغ
جزء

45 - Danza

ي	ت	خ	م	آ	ط	چ	ن	ش	ا	د	ذ	ز	ل
ق	ط	ک	ظ	غ	ک	ئ	ز	ب	ذ	ن	ت	ئ	خ
ش	ر	ی	ک	ذ	چ	ا	ض	ن	ع	ت	غ	ذ	ث
ف	ئ	س	ی	ر	گ	ئ	د	ج	ذ	م	ت	ی	ر
ر	ت	ا	س	ا	س	ح	ا	م	گ	ر	ت	ط	ذ
ه	ن	ل	ش	س	ب	ش	ب	ک	ی	ی	ر	ص	ب
ن	ه	ک	ش	ر	ق	ص	د	ق	گ	ن	ه	ر	ف
گ	م	ن	ص	ع	پ	ب	ن	س	ن	ت	ی	خ	پ
ی	ي	م	ر	ص	ک	ی	گ	آ	ش	ج	ن	پ	ئ
ک	ک	و	م	گ	ح	ج	ق	ت	و	ع	ئ	و	ع
ع	ا	س	و	د	ق	ن	ئ	ر	ر	ن	خ	و	خ
ط	ت	ی	ع	ض	و	س	و	غ	ی	ص	ف	ش	د
ث	ر	ق	ی	د	ط	و	گ	ل	م	ا	ظ	ی	ا
پ	ی	ی	ک	ت	ف	ص	ز	ض	ژ	ز	آ	ل	چ

آکادمی
هنر
کلاسیک
شریک
رقص
بدن
فرهنگ
فرهنگی
احساسات
رسا

شاد
گریس
جنبش
موسیقی
وضعیت
تمرین
ریتم
پرش
سنتی
بصری

46 - Attività Commerciale

ص	ه	ن	ا	خ	ر	ا	ک	س	و	د	ژ	ع	پ
د	ا	ص	ت	ق	ا	ص	د	ا	ذ	ح	ل	ر	آ
ف	گ	م	ی	پ	و	ل	ژ	ر	ر	ت	ف	د	پ
ط	ش	ش	ر	ک	ت	ک	ا	ل	ا	م	ب	ز	ج
گ	و	گ	ا	ف	م	ح	ب	ز	ش	ل	ن	ب	چ
ژ	ر	ض	ذ	ز	ر	ع	ح	ر	ف	ه	غ	د	آ
و	ف	ئ	گ	ع	غ	ا	ا	ف	ر	و	ش	ن	ذ
ا	د	گ	ه	د	ب	ص	ک	م	ت	ق	م	ب	ص
ح	ر	ز	ی	ل	ا	م	ي	ج	ل	ئ	ن	پ	ت
د	آ	ع	ا	ش	ق	ز	ج	گ	ي	ه	ح	ئ	پ
پ	م	ض	م	ب	و	د	ج	ه	ه	ز	ی	ن	ه
و	د	ک	ر	ن	ع	س	خ	ب	ض	ک	م	ض	چ
ل	ج	ف	س	ن	ل	آ	ي	ژ	گ	ث	پ	ن	و
ت	خ	ف	ی	ف	ظ	د	ل	ط	ف	ف	ق	آ	غ

بودجه
حرفه
هزینه
کارفرما
کارمند
اقتصاد
کارخانه
مالی
سرمایه گذاری
کالا

فروشگاه
سود
درآمد
تخفیف
شرکت
پول
معامله
دفتر
واحد پول
فروش

47 - Fiori

ر	ش	د	ق	ا	ص	د	ک	ض	چ	چ	ر	ز	ه
ئ	ذ	ز	س	ا	ی	ک	ث	گ	ث	ز	ف	گ	ی
ک	ا	ن	گ	ت	ی	و	ش	ا	خ	ش	خ	ل	ب
ا	ز	ب	ر	د	ه	ل	و	ر	د	ب	ش	خ	ی
ل	ر	ق	ن	ح	ر	گ	و	د	ی	ع	ط	و	س
ج	د	ک	ص	ج	ا	چ	ل	ن	آ	و	گ	ر	ک
ل	ق	ن	ی	ز	ی	د	خ	ی	گ	د	ق	ش	و
پ	ب	ژ	ي	د	ک	ی	ی	ا	ض	ا	ن	ی	س
ل	ا	س	و	ن	ه	ل	ا	ل	ط	ژ	م	د	م
پ	ل	و	م	ر	ی	ا	گ	ل	ب	ر	گ	غ	ل
ا	س	ط	و	خ	و	د	و	س	پ	ق	ب	ع	ی
ا	ن	ژ	خ	ل	ج	گ	ض	ف	ی	ئ	گ	د	ت
ض	ج	ز	ش	ی	ز	ف	غ	ی	گ	غ	ت	م	آ
ش	ک	ف	ح	د	ح	چ	ژ	ک	د	ط	ذ	ظ	م

قاصدک
گاردنیا
یاس
زنبق
گل خورشید
هیبیسکوس
اسطوخودوس
ماگنولیا
دیزی

دسته گل
نرگس
ارکیده
خشخاش
گلبرگ
پلومریا
رز
شبدر
لاله

48 - Ecologia

ض	ش	ت	غ	ئ	آ	ز	ي	ي	چ	س	ط	گ	ع
ز	ت	گ	گ	ت	ط	ن	م	ن	ا	ب	ع	ی	ل
ج	چ	ئ	ر	پ	ع	د	ل	د	ی	ط	ژ	ا	ب
ا	ع	ص	ی	ل	ر	گ	ب	ع	ل	ع	ئ	ه	ع
ن	م	ی	ل	ق	ا	ی	ی	و	ا	خ	ژ	ا	ی
و	ا	ع	ق	ف	د	گ	ی	ن	س	ژ	ک	ن	ط
ر	و	م	ف	ظ	ی	ی	ا	ت	ک	ژ	ن	ب	ز
ا	ج	ي	ب	ق	ا	ا	ی	ف	ش	د	ی	ی	غ
ن	ض	ج	م	ج	پ	ه	ر	ژ	خ	ع	س	ی	ت
ر	و	ه	گ	ب	ي	ی	د	ش	ت	ت	ئ	و	خ
ن	ف	ا	ژ	و	س	ق	ص	ر	گ	ت	ط	ج	ث
گ	ل	ن	ا	ض	ج	س	ج	ا	س	ق	ی	ظ	ر
ي	و	ی	ع	ع	ش	ث	ه	م	ل	ژ	ح	ک	ي
ص	ر	ظ	و	آ	ط	ن	ا	ب	ل	ط	و	ا	د

اقلیم
جوامع
تنوع
جانوران
فلور
جهانی
زیستگاه
دریایی
طبیعت

طبیعی
مارش
گیاهان
منابع
خشکسالی
بقا
پایدار
زندگی گیاهی
داوطلبان

49 - Discipline Scientifiche

ا	ج	گ	ن	ا	ع	ص	ا	ب	ه	ز	ز	ز	ب
ج	ی	ا	ی	ج	ق	ذ	ي	ت	و	ب	م	ف	ی
گ	ن	م	م	ش	و	ی	ض	ث	ا	ا	ی	ق	و
م	ز	ئ	و	ع	آ	م	ت	ج	ش	ن	ن	ف	ش
ک	ی	د	ت	ن	ه	ی	ص	ف	ن	ش	ش	ز	ی
ا	س	ل	ا	ز	و	ش	ع	ئ	ا	ن	ن	ی	م
ن	ا	ف	ن	و	ط	ل	ن	ژ	س	ا	ا	س	ی
ی	ن	ص	آ	ط	ک	ف	و	ا	ی	س	س	ت	ي
ک	ش	ج	چ	ض	چ	ش	ع	ژ	س	ی	ی	ش	ز
ف	ی	ز	ی	و	ل	و	ژ	ی	ی	ی	خ	ن	ص
ژ	ن	ش	ی	س	ا	ن	ش	ن	ا	ت	س	ا	ب
ث	ا	گ	ی	ا	ه	ش	ن	ا	س	ی	ح	س	ف
د	ک	ب	و	م	ش	ن	ا	س	ی	ز	ذ	ی	ع
ت	ر	م	و	د	ی	ن	ا	م	ی	ک	د	چ	ز

آناتومی
باستان شناسی
نجوم
بیوشیمی
زیست شناسی
گیاه شناسی
شیمی
بوم شناسی
فیزیولوژی
زمین شناسی
ایمونولوژی
زبانشناسی
مکانیک
هواشناسی
کانی شناسی
اعصاب
جامعه شناسی
ترمودینامیک

50 - Scienza

ف	ی	ز	ی	ک	ذ	ا	ه	ل	و	ک	ل	و	م
ق	ت	ط	ذ	ل	ر	ق	ی	ی	ا	ی	م	ی	ش
و	آ	ج	د	ض	ا	چ	ض	ن	چ	آ	پ	ب	و
ج	ن	ز	ن	ی	ت	ئ	ر	د	ی	ع	ا	ح	ر
م	ز	ذ	م	م	ی	ی	ف	ع	ا	ه	ت	ق	ل
ث	ذ	ک	ش	ا	ل	پ	ث	م	ت	د	م	ی	غ
ي	آ	ظ	ن	د	ی	خ	م	د	م	ه	ه	ق	ي
ل	گ	ح	ا	ن	س	ش	ی	ا	س	ا	ب	ت	ص
و	گ	ض	د	پ	ف	چ	ل	و	ی	ش	ذ	آ	ع
ت	ی	ی	د	ي	ز	ز	ق	م	ن	م	ا	غ	ث
آ	ز	م	ا	ی	ش	گ	ا	ه	ا	ب	ج	ژ	د
و	چ	آ	ک	گ	ط	ض	ض	ق	گ	ک	چ	ف	ط
ط	ب	ی	ع	ت	د	پ	ن	ج	ر	ظ	ت	پ	ط
ط	ق	م	ض	ف	د	ز	ح	ن	ا	چ	ت	ي	ج

اتم
شیمیایی
اقلیم
داده
آزمایش
تکامل
حقیقت
فیزیک
فسیلی
جاذبه

فرضیه
آزمایشگاه
روش
مواد معدنی
مولکول ها
طبیعت
ارگانیسم
مشاهده
ذرات
دانشمند

51 - Boxe

ض	ص	د	ج	ث	ا	آ	ن	س	ک	ب	د	د	گ
خ	ف	ا	ن	ز	س	ر	د	ر	م	ش	ت	س	ص
ت	ح	و	گ	ق	ت	ن	ز	ی	د	ل	غ	ت	گ
خ	ر	ر	ن	ی	ح	ج	د	ع	ع	ژ	ش	ک	ش
ئ	ی	ا	د	م	ک	ب	گ	ل	ظ	ئ	ث	ش	ف
ح	ف	ض	ه	ن	ا	چ	ل	پ	ع	س	ظ	د	ظ
ز	ش	ذ	ش	م	م	ر	آ	ش	ث	س	ي	خ	ع
س	ز	ط	و	ج	ظ	پ	ف	ا	م	ز	ط	ا	ذ
غ	گ	ن	گ	ذ	پ	خ	ی	د	ت	ا	گ	ل	ب
ک	غ	ا	ر	و	ئ	ث	ئ	ئ	ی	م	ل	ض	ج
ن	د	ب	ز	خ	س	ت	ه	ی	ف	ف	ر	ف	ن
و	چ	ع	د	ي	ل	ع	ا	ر	گ	م	غ	ک	ج
آ	م	ف	ق	ن	ئ	د	ک	م	ج	ئ	ي	غ	ز
آ	خ	ت	ب	ا	ز	ی	ا	ب	ی	ل	ذ	ی	ص

مهارت
گوشه
داور
حریف
لگد زدن
بل
جنگنده
طناب
بدن

خسته
استحکام
تمرکز
آرنج
دستکش
چانه
مشت
سریع
بازیابی

52 - Imbarcazioni

م	ج	غ	ن	ک	ذ	ز	ب	ي	ج	ع	د	چ	گ
ن	ب	ر	م	ج	ا	و	م	ا	ز	پ	ر	گ	ک
ب	ر	ن	ب	ص	ر	ی	ن	ا	ر	ق	ی	ا	ق
ا	ق	ی	ا	ن	و	س	ا	آ	و	ک	ا	ا	ب
ن	د	ث	خ	غ	ا	د	خ	ک	م	ط	چ	س	چ
ط	ک	ذ	ز	ت	ن	ن	ر	ی	د	گ	ه	ک	غ
ح	ژ	ا	ل	آ	ش	ح	ن	ی	ط	ذ	س	ل	ا
س	ب	م	د	ل	ن	گ	ر	ض	ا	ژ	ر	ه	ح
م	ل	و	ا	ن	م	غ	ر	و	د	خ	ا	ن	ه
ظ	ک	د	ر	ی	ا	ی	ی	د	س	ق	ی	د	ا
ض	د	ض	ا	ث	خ	ت	ئ	ض	ز	و	ا	گ	ش
ف	ی	ن	ا	ب	د	ا	ب	ق	ی	ا	ق	ی	ب
ر	و	ت	و	م	م	خ	ت	م	ف	ک	ج	د	ق
ی	ص	ي	م	خ	ه	م	ژ	س	ل	ث	ي	ب	آ

دکل
لنگر
شناور
قایق رانی
طناب
اسکله
خدمه
رودخانه
کایاک
دریاچه

دریا
جزر و مد
ملوان
موتور
دریایی
اقیانوس
امواج
فری
قایق بادبانی
قایق

53 - Chimica

خ	غ	ي	ک	م	ن	و	ی	ا	ه	ت	س	ه	چ
ی	ض	ا	ن	ا	ص	ئ	ب	ر	ذ	ث	ظ	ن	چ
ذ	گ	ش	و	ث	ت	ب	ک	ب	ت	ق	گ	ع	ژ
ت	ر	ا	ر	ح	ا	ا	م	و	ل	ک	و	ل	ص
ر	ر	ت	ت	چ	ک	ک	ل	ق	ل	ی	ا	ی	ی
ا	ع	م	ک	غ	س	ل	ح	ی	ح	و	ت	ن	ض
ر	س	ی	ل	آ	ی	ر	ط	ذ	ز	ذ	خ	ک	ک
ح	ف	ی	ا	ص	ژ	خ	م	ع	ا	و	ف	ر	ن
ه	ص	ی	د	م	ن	ز	و	پ	گ	ژ	ر	ب	ح
ج	ب	ا	ح	ی	د	ظ	ظ	ی	ف	ز	و	ن	ض
ر	ئ	م	پ	ز	ی	ش	ظ	و	ژ	گ	ظ	ف	ق
د	ط	ط	ا	ن	ژ	و	ر	د	ی	ه	ث	ژ	ل
ي	ط	گ	ئ	آ	ث	ا	ل	ب	د	ژ	ئ	غ	ذ
ذ	ق	و	ض	ف	ظ	چ	ذ	و	و	گ	ش	ي	ب

اسید
قلیایی
اتمی
حرارت
کربن
کاتالیزور
کلر
الکترون
آنزیم
گاز

هیدروژن
یون
مایع
مولکول
هسته ای
آلی
اکسیژن
وزن
نمک
درجه حرارت

54 - Api

ل	غ	م	س	آ	ا	گ	ض	ب	ت	د	پ	و	س
پ	غ	ص	ص	ذ	م	ى	غ	ي	ث	خ	ا	خ	گ
ج	ظ	ت	ز	ظ	و	ا	ذ	غ	ظ	ا	ذ	غ	ر
ن	ي	س	س	ا	ب	ه	ق	خ	و	ر	ش	ى	د
ل	ت	ي	ت	ق	ت	ا	ت	پ	ش	ک	و	ف	ه
ع	ژ	و	ل	ل	س	ن	ض	ع	ژ	ت	ر	م	ق
ل	و	ز	و	د	ى	ف	م	غ	ع	ض	ش	ش	ف
خ	ک	ن	د	و	ز	ا	و	آ	ع	آ	ط	ر	ع
ر	ق	پ	ک	د	ح	ر	م	ى	و	ه	ک	ل	م
ل	ش	ج	ن	د	ه	ر	ش	ح	ن	س	س	ب	ت
د	گ	ذ	ز	ذ	ژ	گ	ص	ب	ت	س	ا	غ	ث
ک	د	ا	ف	ت	ر	ز	ب	ع	س	ل	ج	ر	ش
ب	س	چ	آ	ى	س	ا	ه	ا	گ	ت	س	ى	ز
ي	غ	ط	ع	غ	غ	ب	ي	ص	غ	پ	ن	ئ	ذ

بال
کندو
مفید
موم
غذا
تنوع
زیست بوم
شکوفه
میوه
دود

باغ
زیستگاه
حشره
عسل
گیاهان
گرده
ملکه
ازدحام
خورشید

55 - Professioni #2

م	ج	چ	ذ	د	ص	غ	ح	چ	ک	ج	ر	ا	ح
خ	ه	ز	ا	ذ	ن	ز	ی	س	ت	ش	ن	ا	س
ب	ک	ن	ق	ف	ا	د	س	ح	ا	ا	ا	خ	ا
ر	ت	ق	د	گ	ب	ن	ا	پ	ط	ق	ب	ر	ک
ن	ا	چ	ت	س	ل	ژ	ن	ن	و	ن	غ	ط	ع
گ	ب	ق	ض	ج	خ	ز	ش	ق	پ	ع	ا	ز	ر
ا	د	م	ع	ل	م	ح	ن	و	ع	ز	ب	ک	ت
ر	ا	آ	ق	ه	ا	گ	ا	ر	ا	ک	ش	ت	خ
گ	ر	ح	ف	ح	ز	آ	ب	چ	ز	غ	ع	ک	م
ر	ف	ی	ل	س	و	ف	ز	غ	ط	ی	ف	ش	د
ی	ج	ا	ن	و	ر	ش	ن	ا	س	م	پ	ز	ف
و	ز	ب	ث	ف	د	س	چ	غ	م	ص	ح	پ	ز
ص	ث	ز	ج	پ	ش	ض	ا	ث	ر	ل	ج	ق	ک
ت	ف	ض	ا	ن	و	ر	د	ذ	م	چ	ظ	ل	ق

فضانورد
کتابدار
زیست شناس
جراح
دندانپزشک
کاراگاه
فیلسوف
عکاس
باغبان
خبرنگار

تصویرگر
مهندس
معلم
مخترع
زبانشناس
پزشک
خلبان
نقاش
محقق
جانورشناس

56 - Letteratura

ر	م	ص	ث	ل	ک	ه	س	ی	ا	ق	م	ش	ت
ر	ی	خ	ح	ف	ت	ی	ا	ک	ح	ث	ج	ر	ر
و	ف	ت	ن	ا	م	ر	ی	ب	ک	چ	ج	ح	ا
ط	ا	ي	م	س	پ	ض	ق	س	ا	ي	خ	ب	ژ
ي	ر	آ	ا	ت	ا	ه	ن	ا	ر	ع	ا	ش	د
ذ	گ	گ	ش	ع	س	ی	و	ظ	غ	ک	ي	ع	ی
ب	و	ب	ن	ا	ظ	ت	و	آ	ر	ع	ش	ا	غ
م	ی	آ	س	ر	و	خ	ق	ه	خ	ه	ب	ژ	ی
غ	ب	ژ	ع	ه	گ	ر	ل	ج	گ	د	ع	ق	ص
ذ	ز	ف	ج	خ	ت	ح	ل	ی	ل	ن	خ	آ	ب
ط	غ	ن	ق	ا	ف	ی	ه	ت	ح	س	ق	ل	ط
ئ	ک	ئ	ر	گ	گ	ج	ی	ن	ج	ی	ج	د	ذ
د	ج	ع	ف	ی	ر	ي	ط	آ	ت	و	ع	غ	غ
و	ف	ذ	ث	ث	ي	ژ	ج	س	ق	ن	ت	ت	ک

تحلیل
قیاس
حکایت
نویسنده
بیوگرافی
نتیجه
مقایسه
نقد
شرح
گفتگو

استعاره
نظر
شعر
شاعرانه
قافیه
ریتم
رمان
سبک
تم
تراژدی

57 - Cibo #2

م ز گ م ا س ت ر ث ن ک س ی ب
و ر و ح ق د خ ژ ا ذ ي ا ه ا
ض م ج پ ت ح م ن ح ل ق آ ا د
ق ث ه ن پ ي م ي و ش ب پ م م
ا ظ ف ی ص ا ر ی خ ع ی س ئ ج
ر ي ر ر م ر غ ي م د ن گ ز ا
چ ع ن ذ ق ث ح ت ژ ا م ب و ن
ع ث گ ت ا ل ک ش د ع ئ ز م ی
ث ل ی ذ ژ چ ط س ج ن ر ب س ا
ض ي خ ص ش چ س ذ ل و ي د ن گ
د ژ ر د ظ غ ژ ع ن ا ع گ ی ک
آ ث ض ی ق ت ص س خ ا و ل و ر
ی ل ک و ر ب م ل ک ر ا د ی ض
ت ق س ب ژ م ک ر ف س خ ث ک س

موز
کلم بروکلی
گیلاس
شکلات
پنیر
قارچ
گندم
کیوی
سیب
بادمجان

نان
ماهی
مرغ
گوجه فرنگی
ژامبون
برنج
کرفس
تخم مرغ
انگور
ماست

58 - Nutrizione

م	ض	ه	و	ذ	ع	ث	ذ	م	گ	ي	ک	پ	ر
ل	ت	ا	ز	پ	پ	ص	ج	س	ا	ه	ت	ش	ا
ا	م	ع	ن	ف	ظ	س	ي	س	ذ	ى	د	ض	ب
س	و	ي	ا	ل	ف	ل	ت	ص	ي	و	ع	چ	د
ر	ا	ط	ژ	د	ل	ا	ق	ى	ذ	د	چ	ا	ق
ژ	د	ش	ب	ق	ل	م	و	ت	ى	ا	ذ	د	ت
ى	م	س	ذ	ک	م	ت	ر	ى	خ	چ	آ	ي	ي
م	غ	م	گ	ا	ق	ى	پ	ف	ل	م	ط	خ	آ
غ	ذ	ي	ث	ل	ز	ژ	ر	ى	ت	ث	ى	گ	ض
ذ	ى	ج	ى	ر	ى	ظ	و	ک	پ	ي	ک	ر	ل
ا	س	س	ن	ى	م	ا	ت	ى	و	ک	ا	ي	ن
ى	ر	گ	ت	ا	ر	د	ى	ه	و	ب	ر	ک	ذ
ى	ر	ژ	ف	ع	ت	ق	ى	ظ	ش	ذ	و	خ	ق
ي	ي	ب	ل	و	ق	ن	ن	گ	ع	ن	خ	ز	ص

تلخ
اشتها
متعادل
کالری
کربوهیدرات
خوراکی
رژیم غذایی
هضم
تخمیر
مایعات

مواد مغذی
وزن
پروتیین
کیفیت
سس
سلامتی
سالم
ادویه
سم
ویتامین

59 - Matematica

س	ض	ح	ج	ف	ث	ک	ا	ش	ی	ئ	ع	خ	ث
ب	ا	س	م	آ	ج	ث	ذ	پ	ژ	ل	گ	ر	ق
ژ	ح	ا	ع	ر	آ	ل	ی	ط	ت	س	م	ا	ذ
گ	ت	ب	م	م	ک	ث	ي	ط	ث	ئ	و	ع	م
غ	و	ی	آ	ن	ظ	م	ص	م	م	ا	ا	ش	ث
ط	چ	خ	چ	ن	د	ض	ل	ع	ی	ث	ز	ا	و
ن	ی	ک	چ	ي	ص	ا	م	ر	ب	ع	ی	ر	ک
ظ	ه	س	د	ن	ه	ت	ق	ا	ر	ن	ر	ی	ژ
ض	ی	ر	آ	ظ	ب	ف	آ	ا	ئ	و	د	ل	م
خ	و	ط	ب	خ	ش	ش	ع	ا	ع	ح	د	ر	ع
ب	ا	ق	ی	ي	م	آ	آ	ص	ي	ح	ج	ت	ا
ذ	ز	چ	ض	ح	ض	ف	ب	ی	س	ط	ح	ظ	د
ث	خ	د	ط	ع	م	ن	خ	ع	ع	م	و	د	ل
پ	چ	ئ	ز	ط	د	ف	ت	ر	ب	د	ص	ت	ه

زاویه
حساب
دور
اعشاری
قطر
بخش
معادله
نما
کسر
هندسه

موازی
محیط
عمود
چند ضلعی
مربع
شعاع
مستطیل
تقارن
جمع
مثلث

60 - Meditazione

ق	ض	ئ	ئ	غ	ت	ی	د	خ	ت	ح	ي	غ	ئ
ن	د	ژ	ش	ز	ی	م	ض	ث	ا	ذ	ع	ض	ع
ي	گ	ر	ت	و	ج	ه	ض	س	ق	و	ذ	ئ	ن
ت	و	س	د	چ	ش	م	ا	ن	د	ا	ز	ت	ل
ن	ف	ث	غ	ا	ش	ا	م	ا	ر	آ	ص	ل	ح
ف	پ	ب	ف	ئ	ن	ت	و	ش	ا	ش	ص	ظ	و
س	ئ	ذ	ق	ط	م	ی	س	ط	ک	م	ض	آ	ض
ل	ک	ی	ی	ئ	ض	ع	ی	گ	ف	ص	س	چ	و
ث	ف	ر	ن	ر	ر	ض	ق	ن	ا	ع	ک	ک	ئ
ط	ب	ی	ع	ت	ش	و	ی	ق	ه	ق	و	و	ج
ا	ح	س	ا	س	ا	ت	ق	ف	ش	ذ	ت	و	ن
ض	م	ه	ر	ب	ا	ن	ی	ک	س	خ	د	ز	ب
م	ش	ا	ه	د	ه	ش	ل	چ	ذ	ز	س	ب	ش
ق	ث	ظ	ض	خ	ح	ح	ا	ل	ئ	ذ	ه	ن	و

پذیرش
توجه
آرام
وضوح
شفقت
احساسات
مهربانی
قدردانی
ذهنی
ذهن

جنبش
موسیقی
طبیعت
مشاهده
صلح
افکار
وضعیت
چشم انداز
تنفس
سکوت

61 - Elettricità

ع	ا	غ	ع	پ	ز	ک	ج	م	پ	پ	آ	ف	ذ
ظ	ع	ن	م	ذ	ع	آ	ج	م	ع	ح	ن	ذ	خ
ض	ئ	م	ژ	ن	ز	ی	آ	ئ	ا	ط	و	ج	ی
ف	خ	چ	ن	ق	ج	گ	ع	ژ	ا	خ	ی	ن	ر
ئ	و	ق	ک	ق	ح	ث	ا	پ	ي	ز	ز	آ	ه
ک	چ	د	ی	ح	س	ع	چ	غ	ج	ی	ی	ل	س
ژ	ن	ر	ا	ت	و	ر	ل	ج	ي	ر	و	ي	ا
ع	ف	ز	ا	آ	ک	غ	و	ج	ژ	ت	ل	ش	ز
ک	ل	ی	ب	ت	ت	ج	ه	ی	ز	ا	ت	آ	ی
د	ت	ل	ر	د	ژ	ک	پ	ک	ش	ب	ک	ه	م
ظ	ب	ر	ق	ی	م	ل	ل	ی	ض	ت	ج	ن	ن
ز	د	ط	ک	ط	د	ا	ا	ل	ب	ا	ک	ر	ف
م	ق	د	ا	ر	م	ء	ز	ث	ی	پ	ح	ب	ی
ئ	چ	ج	ر	پ	ظ	ئ	م	ر	ث	ج	ث	ا	و

تجهیزات
باتری
کابل
ذخیره سازی
برقکار
برقی
ژنراتور
لامپ
لیزر

آهن ربا
منفی
اشیاء
مثبت
سوکت
مقدار
شبکه
تلفن
تلویزیون

62 - Antiquariato

ت	ی	ع	ض	و	م	ر	غ	ق	ت	و	د	ص	ب
د	ر	و	م	ک	ب	س	ی	ی	م	ی	د	ق	د
ی	ن	م	د	خ	ل	ص	ر	م	ج	ن	ق	ث	ژ
ت	ه	ح	ی	ع	م	و	م	ت	پ	و	ظ	ح	ا
ه	ز	س	ژ	م	ا	ث	ع	ث	خ	ب	و	و	ش
ک	ز	ئ	ل	ل	ن	م	م	آ	ض	ر	ق	ف	س
س	ی	ف	ي	ق	ر	ن	و	ا	خ	ر	ک	ز	ئ
ب	ر	ف	ق	ن	ل	س	ل	ر	ز	گ	و	ص	ب
ل	ل	ب	ی	ز	ي	ق	ق	ز	ي	ی	ض	ع	ز
ج	ا	ر	ح	ت	ح	ر	ئ	ش	خ	ا	ک	ک	ی
ظ	گ	س	ر	م	ا	ی	ه	گ	ذ	ا	ر	ی	ب
و	ق	ط	ص	ي	آ	ب	ل	ک	ف	ب	پ	ا	ا
ک	ز	آ	ط	ش	ر	م	ع	ت	ب	ر	ئ	ف	غ
ر	ئ	م	ج	س	م	ه	س	ا	ز	ی	ئ	س	د

هنر
مورد
حراج
معتبر
وضعیت
تزئيني
زیبا
گالری
غیر معمول
سرمایه گذاری

مبلمان
سکه
قیمت
کیفیت
ترمیم
مجسمه سازی
قرن
سبک
ارزش
قدیمی

63 - Escursionismo

ر	ا	ه	ن	م	ا	ه	ا	ي	ن	ا	ب	ژ	م
ح	ط	ر	ت	ل	ظ	ج	آ	س	ئ	گ	ع	ل	پ
ص	ن	خ	ن	ا	ش	ن	ی	ج	د	ض	ا	ی	ا
ب	غ	ص	د	ف	ق	ی	ش	ع	ع	ث	ئ	س	ع
ا	ج	ل	ا	س	ط	م	خ	ص	ن	ی	د	ک	ت
خ	ط	ر	ا	ت	ظ	ژ	ک	د	ی	ش	ر	و	خ
خ	م	ب	ک	ع	ظ	ش	ه	س	ز	ح	ت	ه	ج
چ	ل	ث	آ	ی	ت	ک	ژ	ت	ا	و	ا	ض	ض
ا	ژ	ب	م	ب	ر	گ	ص	آ	س	غ	ن	غ	چ
ي	ق	ع	و	ط	ج	ث	ن	غ	ه	خ	ا	آ	ر
ط	ظ	ل	ث	ژ	ظ	ق	خ	ا	د	ح	و	س	ب
گ	و	ن	ی	گ	ن	س	ع	ح	ا	و	ی	ق	ز
گ	ن	ی	پ	م	ک	خ	ش	و	م	چ	ح	ن	ب
ن	ق	ش	ه	م	ک	چ	ژ	ذ	آ	چ	ج	گ	س

آب
حیوانات
کمپینگ
اقلیم
راهنماها
نقشه
کوه
طبیعت
جهت

خطرات
سنگین
آماده سازی
صخره
وحشی
خورشید
خسته
چکمه
اجلاس

64 - Professioni #1

ج	ي	م	ه	ن	ر	م	ن	د	ج	س	پ	ر	چ
ی	ح	ث	ی	س	خ	ا	ل	ض	ق	ف	ر	ي	آ
ض	ن	ه	ک	ا	ت	س	ی	ن	ا	ی	پ	ف	ک
ح	س	د	ا	ن	ش	م	ن	د	ل	ر	ژ	ب	ظ
ژ	چ	ن	ف	ش	ک	ر	گ	ش	ی	ا	ر	ی	و
ژ	ج	ز	گ	ن	ش	ا	پ	ئ	ک	ت	ح	چ	س
س	ي	ا	ط	ا	ث	د	ر	ح	و	س	خ	ر	ت
ق	ژ	و	ل	و	خ	ک	ج	ق	ف	ر	خ	ا	ا
چ	س	ن	ب	ر	ق	ن	ي	و	ص	پ	ع	ک	ر
ز	م	ی	ن	ش	ن	ا	س	ئ	ا	ن	ژ	ش	ه
د	د	گ	ئ	ل	ل	ب	ب	ی	ب	ه	د	ز	ش
ن	ق	ش	ه	ن	گ	ا	ر	ئ	ی	ل	ر	ه	ن
ک	ش	ز	پ	م	ا	د	ا	ر	و	س	ا	ز	ا
ل	و	ل	ه	ک	ش	م	ر	ب	ی	ي	ز	س	س

مربی
سفیر
هنرمند
ستاره شناس
وکیل
رقصنده
بانکدار
شکارچی
نقشه نگار
ویرایشگر

داروساز
زمین شناس
جواهر
لوله کش
پرستار
نوازنده
پیانیست
روانشناس
دانشمند
دامپزشک

65 - Antartide

ف	م	ح	ژ	آ	ن	ر	ع	ي	ض	ج	ن	ن	ص
چ	ه	غ	گ	ي	گ	گ	ل	ق	ن	ظ	ب	ث	ژ
ص	ا	و	ا	ن	ن	و	م	ر	س	ب	ت	د	ش
ط	ج	ع	آ	و	ه	ر	ی	ز	ج	ه	ب	ش	ج
ت	ر	ی	ا	ز	ج	ن	ي	م	ا	ق	ا	ر	ه
م	ت	ظ	ا	ف	ح	ص	ض	ک	ب	ب	م	ژ	ن
ي	و	ی	خ	ب	ج	چ	آ	ر	ر	م	ح	ع	ئ
غ	ت	ا	ی	ف	ا	ر	غ	ج	ه	م	ی	ل	ص
م	ب	گ	د	ح	ل	ث	ن	ظ	ا	چ	ط	و	آ
ظ	ح	ی	ض	م	د	ر	ج	ه	ح	ر	ا	ر	ت
پ	و	ق	ا	ک	ع	ا	ک	ت	ش	ا	ف	ا	ی
ث	ج	چ	ق	خ	و	د	ق	ا	ص	خ	ک	ت	د
ص	ا	غ	ط	ا	ا	ا	ن	آ	ب	ز	ج	ب	ع
چ	چ	ل	و	خ	ل	ی	ج	ی	ک	ا	ر	ز	ي

جزایر
مهاجرت
مواد معدنی
ابرها
شبه جزیره
محقق
راکی
علمی
درجه حرارت

آب
محیط
خلیج
نهنگ
حفاظت
قاره
اکتشاف
جغرافیا
یخ

66 - Libri

م	ت	ث	ث	ش	خ	و	ا	ن	ن	د	ه	چ	ت
ن	ج	ا	گ	ح	ی	چ	ت	د	ئ	ط	ح	ش	ف
و	ا	م	ر	ع	ش	و	غ	ن	غ	و	ف	ز	ظ
ی	د	ض	و	ی	ر	س	پ	س	ش	ب	ص	ج	ب
س	ب	ي	ه	ع	خ	م	ب	ت	ک	ر	ا	د	ق
ن	ی	آ	س	ک	ه	ی	ف	ک	د	م	ع	ف	ک
د	ر	د	ا	س	ت	ا	ن	ش	پ	س	ش	ي	ت
ه	ا	غ	م	ا	ن	گ	ی	ز	ن	ط	ط	گ	ا
ژ	و	ض	ح	ن	ص	ط	پ	ر	م	ا	ن	ص	ل
ت	ی	ی	و	ج	ا	ر	ج	ا	م	ل	ط	ط	ج
ث	پ	ذ	س	س	ذ	ک	ث	د	خ	ک	ي	ص	ي
ف	م	چ	ض	ا	د	و	گ	ا	ن	گ	ی	ي	پ
ن	و	ش	ت	ه	ش	د	ه	خ	ظ	ک	و	خ	م
گ	ل	ئ	ل	خ	گ	غ	ج	ف	خ	پ	ش	ل	ل

نویسنده
ماجراجویی
مجموعه
بافت
دوگانگی
حماسه
مبتکر
ادبی
خواننده
راوی

صفحه
شعر
مربوط
رمان
نوشته شده
سری
داستان
تاریخی
غم انگیز
طنز

67 - Geografia

ع	ز	ن	ب	ث	ن	و	ج	ر	غ	ک	ش	ر	آ
ا	ر	پ	و	ر	آ	آ	خ	ا	ر	ض	غ	ق	ش
ف	و	ض	ن	ح	ژ	ث	ئ	ط	ب	ن	ر	ح	ط
ت	ش	ق	ج	ص	خ	س	م	گ	ظ	ی	و	ق	غ
ر	ک	ف	ش	غ	ز	ل	ا	م	ش	م	د	ل	ی
ا	ح	و	پ	ز	ر	ط	م	ح	د	ک	خ	م	ذ
ک	و	ه	ش	ق	ن	ا	ی	ر	د	ر	ا	ر	ط
ش	ز	چ	ع	چ	ث	ف	ف	ظ	و	ه	ن	و	و
ط	ه	ق	ط	ن	م	س	ف	ی	د	ظ	ه	ض	ل
ج	ش	ر	ج	ز	ی	ر	ه	ط	ا	ک	ذ	ب	ي
و	ه	ک	خ	ل	غ	آ	ط	ئ	ر	ی	پ	آ	ک
ق	ر	ا	ه	ن	ل	ا	ف	ص	ن	ا	ی	پ	ئ
ص	ز	خ	ن	ق	ا	ر	ه	م	ب	م	ظ	خ	و
ل	گ	ژ	ث	ب	س	و	گ	ق	ا	س	ک	ي	ر

ارتفاع
اطلس
شهر
قاره
نیمکره
رودخانه
جزیره
عرض جغرافیایی
طول
نقشه

دریا
نصف النهار
جهان
کوه
شمال
غرب
کشور
منطقه
جنوب
قلمرو

68 - Cibo #1

ر	ز	ح	ي	ج	ن	ت	گ	آ	ب	ط	ذ	ر	س
ع	ی	گ	ن	ر	ف	ت	و	ت	گ	ص	پ	ز	ا
خ	ب	ح	ز	گ	ب	ژ	ج	ق	م	ش	گ	ق	ل
س	ا	ا	ا	ف	چ	ظ	د	ی	س	ی	و	ن	ا
ا	ل	ص	ف	ن	ا	چ	ح	ض	ض	ر	ش	د	د
ي	گ	ي	س	ی	ن	ع	ن	ا	ع	ي	ت	ا	ت
ف	و	ث	د	چ	ص	ع	ق	ن	ئ	و	ش	س	گ
آ	گ	ک	ی	ر	ش	د	چ	آ	ب	ا	ش	ف	س
م	ن	ذ	گ	ا	س	ل	پ	ی	ا	ز	س	ن	ط
ا	ئ	ذ	ه	د	ر	ز	غ	و	ز	ا	گ	ا	ز
ه	ف	ل	و	ق	د	ر	خ	ا	م	ا	ظ	ج	ص
ی	ک	ی	ی	ط	ت	ق	س	ی	ر	ج	آ	غ	ع
ت	ی	م	ج	ن	س	ظ	آ	ژ	خ	ا	ع	ن	و
ن	ک	و	ن	ش	ز	ع	ف	ظ	ذ	ث	ذ	ی	ي

سیر
ریحان
دارچین
گوشت
هویج
پیاز
توت فرنگی
سالاد
شیر
لیمو

نعناع
جو
گلابی
شلغم
نمک
اسفناج
آب
ماهی تن
کیک
قند

69 - Etica

ر	ه	ع	ی	ط	د	ف	ا	ت	ش	ع	د	ي	ث
ط	م	ق	ک	د	ی	ر	ح	ح	گ	ف	ئ	گ	ف
س	ک	ل	پ	م	پ	د	ت	م	ج	ک	ق	ک	ئ
چ	ا	ا	ا	ع	ل	گ	ر	ل	ظ	ت	و	ت	گ
ج	ر	ن	ر	ق	م	ر	ا	ض	ت	ق	ا	د	ص
خ	ی	ی	چ	و	ا	ا	م	ئ	م	ی	ق	ن	ن
ط	و	ت	گ	ل	ت	ی	ت	ث	ا	ط	ع	ت	و
ل	ت	ش	ی	ژ	ی	ی	ی	م	ر	ن	گ	ص	ع
ب	ع	ص	ب	ض	ک	ز	ر	س	ک	ت	ر	ب	د
ل	ض	م	ذ	ی	ئ	پ	ش	ژ	آ	ح	ا	ر	و
ش	ض	خ	چ	ی	ن	ا	ب	ر	ه	م	ی	ض	س
ف	ل	س	ف	ه	ب	ی	آ	ژ	ک	گ	ی	خ	ت
خ	ی	ر	خ	و	ا	ه	م	ح	ذ	ی	ح	ت	ی
ا	ا	ی	ی	ح	ف	ر	ق	ث	م	ح	ج	ک	پ

صداقت
خوش بینی
صبر
معقول
عقلانیت
واقع گرایی
احترام
حکمت
تحمل
بشریت

نوع دوستی
خیرخواه
شفقت
همکاری
کرامت
دیپلماتیک
فلسفه
مهربانی
فردگرایی
یکپارچگی

70 - Aeroplani

ه	م	د	خ	م	س	ا	ف	ر	ط	ط	پ	و	ص
آ	ط	ع	ل	ا	ت	م	س	ف	ر	ا	ب	ت	ذ
س	ا	ش	ب	ا	ک	ب	ب	د	ز	ک	م	ه	ف
م	ل	ز	ا	س	و	ت	خ	ا	س	ت	ی	ج	ر
ا	ت	پ	ن	ا	ر	ت	ف	ا	ع	غ	خ	م	و
ن	ژ	و	ر	د	ی	ه	ز	ی	ر	ک	ی	و	د
ه	و	ا	ذ	ژ	ر	غ	ح	ی	ح	ي	ر	ت	س
ح	ا	ر	س	و	ج	ک	ح	و	ع	گ	ا	و	د
ق	ق	ا	ط	ط	ژ	ن	د	ج	ي	ز	ت	ر	ز
ل	خ	گ	آ	ر	ي	ک	ن	ا	ر	ن	ف	و	ل
گ	ف	ج	پ	آ	ح	د	ظ	ر	ب	ث	ض	ی	ژ
ح	ط	ی	ژ	آ	ظ	ا	ا	ج	د	ج	ن	خ	د
ع	خ	ل	ج	ا	ی	ب	ل	ا	ي	گ	ج	م	ي
ث	ص	ض	م	ر	ژ	ژ	ل	م	ر	و	گ	ي	ک

ارتفاع
هوا
اتمسفر
فرود
ماجراجویی
سوخت
آسمان
ساخت و ساز
طرح
جهت

تبار
خدمه
باد کردن
هیدروژن
موتور
بادکنک
مسافر
خلبان
تاریخ
تلاطم

71 - Governo

م	ث	آ	ک	ط	ج	د	ت	چ	ب	ش	غ	م	غ
د	ص	ط	ز	خ	آ	خ	ا	ل	ث	ل	س	ن	ق
ن	و	ت	ژ	ا	ح	خ	ب	ظ	و	ع	خ	ط	ا
ی	ی	ل	ل	غ	د	ص	ع	گ	ف	د	ن	ق	ن
ل	چ	ا	د	پ	ک	ی	ی	ر	گ	ن	ر	ه	و
م	ش	ل	خ	م	چ	ی	ت	ب	ح	ث	ا	آ	ن
غ	ظ	ق	م	ل	ت	ا	آ	ه	و	ژ	ن	ی	ا
غ	ح	ت	ا	ن	پ	ض	ت	ر	ض	ض	ی	ا	س
ن	ذ	س	گ	ن	ص	ق	خ	ز	س	س	ل	د	ا
ع	د	ا	ل	ت	و	س	ی	ا	س	ت	گ	ب	س
ز	ا	ذ	ي	ز	ز	ن	ص	ص	ر	ص	ر	و	ی
ن	م	د	م	و	ک	ر	ا	س	ی	ک	پ	د	ئ
ا	ن	ب	ر	ا	ب	ر	ی	ب	ک	غ	ط	ل	ا
ئ	ع	ش	ث	ز	ث	چ	چ	ک	ئ	غ	ج	م	گ

قانون
آزادی
یادبود
ملی
ملت
سیاست
منطقه
نماد
دولت
برابری

رهبر
تابعیت
مدنی
قانون اساسی
دموکراسی
سخنرانی
بحث
قضایی
عدالت
استقلال

72 - Colori

ص	ی	ش	ز	ژ	ش	ه	ذ	ظ	ر	ص	ق	ک	ظ
ی	ل	ق	ر	ب	ر	ا	و	ن	خ	آ	ه	ج	ر
ر	ر	خ	د	ل	پ	ی	ز	ث	ا	ذ	و	ث	ل
ا	د	آ	ا	ی	ض	س	ث	ب	ک	ئ	ه	ت	ن
ن	د	س	م	ت	ف	ز	و	س	س	ژ	ا	ح	ر
ت	ا	پ	خ	ر	ع	س	ذ	ث	ت	ج	ی	ج	ف
ط	ر	ر	آ	و	ص	ی	ک	ش	ر	ز	ا	ب	ج
آ	ب	ی	ن	ص	ز	ق	و	ف	ی	ص	ه	ج	س
ر	ظ	پ	ژ	ج	ک	ر	ن	ن	ن	گ	ز	ت	ن
ض	ح	س	ک	ق	ی	م	ش	ب	ا	ب	و	ط	ی
ص	ع	ط	آ	د	ک	ز	ي	ل	و	ح	ر	و	ل
ل	ا	ج	و	ر	د	ی	ع	ض	غ	ش	ی	ف	ی
ف	ي	ن	ق	ث	س	ث	ط	ئ	ر	ص	ف	خ	ب
ح	پ	د	ک	پ	ظ	ث	چ	ل	ا	غ	ج	ژ	چ

نارنجی
لاجوردی
بژ
سفید
آبی
فیروزه ای
زرشکی
زرد
خاکستری

نیلی
ارغوانی
براون
سیاه
صورتی
قرمز
قهوه ای
سبز
بنفش

73 - Bellezza

ئ	ت	ش	س	ر	ض	ض	م	ي	ي	خ	ح	ر	گ
و	ف	ا	ص	ع	و	پ	ک	ح	ع	چ	ي	آ	ی
ض	ا	م	س	ف	ن	غ	ی	گ	ص	ر	ن	گ	ا
ي	ر	پ	و	ل	ز	خ	ن	ر	ر	و	ب	ا	ت
غ	ظ	و	ح	ی	ص	د	ژ	ی	ص	ج	ل	ش	ل
چ	ث	ط	ض	د	ا	م	و	س	د	د	چ	ا	ز
ع	ط	ر	ش	م	ف	ا	ت	ر	ق	ح	خ	ب	ت
و	آ	ی	ن	ه	س	ت	ف	ژ	ی	پ	ق	ی	ف
گ	ش	ن	ئ	پ	و	ئ	د	ل	چ	س	و	ز	ر
ر	ا	ی	ح	ه	ن	گ	ن	ب	ی	ت	ع	س	ن
ل	و	ا	ز	م	آ	ر	ا	ی	ش	ی	ی	ذ	ت
ب	گ	ی	ف	ي	س	ر	پ	ق	ذ	ز	ت	ک	ف
ط	پ	گ	ق	ي	ب	س	ظ	ظ	ی	ط	س	پ	ب
ذ	د	غ	ن	ص	ک	ی	ح	ئ	ل	چ	ج	ذ	ج

رنگ
لوازم آرایشی
زیبا
ظرافت
افسون
قیچی
فتوژنیک
عطر
گریس
صاف
روغن
پوست
محصولات
رایحه
فر
رژ لب
خدمات
شامپو
آینه
سبک

74 - Avventura

ط	ب	ی	ع	ت	ز	ش	غ	ج	ح	ن	ب	ج	ئ
پ	ک	ن	گ	ع	ش	ی	ا	س	ض	ز	گ	س	غ
ي	ع	م	س	گ	ج	ا	ب	د	آ	ط	ن	ت	ی
و	ط	ی	ج	ش	ا	ی	ب	ا	ی	ت	ه	ج	ر
ج	گ	ا	ج	ت	ع	چ	گ	ط	ی	خ	خ	آ	م
ع	د	ت	آ	و	ت	م	ق	ص	د	ی	ط	م	ع
م	ا	ی	ث	گ	ا	ش	ت	ی	ا	ق	ر	ا	م
ح	ن	ل	د	ذ	ن	چ	ص	ق	ق	غ	ن	د	و
گ	ط	ا	ق	ا	ا	گ	ر	چ	ذ	ع	ا	ه	ل
ص	ک	ع	آ	ر	ت	ح	ف	س	ظ	س	ک	س	ک
ج	خ	ف	آ	ث	س	ف	ر	ن	ا	م	ه	ا	ش
و	ش	ن	ف	ن	و	ذ	ظ	ا	ظ	ل	ن	ز	م
ث	ن	ع	ت	پ	د	ن	ط	ش	ض	ض	گ	ی	س
ص	ث	ئ	ژ	و	ي	ن	چ	ئ	د	گ	ع	گ	س

دوستان
فعالیت
زیبایی
شانس
شجاعت
مقصد
مشکل
اشتیاق
گشت و گذار
شادی

غیر معمول
سفرنامه
طبیعت
جهت یابی
جدید
فرصت
خطرناک
آماده سازی
ایمنی

75 - Forme

ل	ب	ش	د	ز	ي	ع	ئ	ي	ف	ي	م	ي	ن
ي	د	غ	ق	ک	م	ا	ن	ئ	غ	غ	ح	ص	ی
چ	ز	ض	ظ	ح	ک	غ	ژ	ی	چ	ه	ر	ک	ت
ي	ش	ن	م	و	د	آ	ن	ض	ی	ش	و	غ	و
ق	ن	غ	س	ر	ت	ص	ع	ی	ج	و	ش	و	ق
ث	چ	گ	ت	ا	ق	ز	ف	ب	ه	گ	ن	ی	م
م	ل	ح	ط	ب	ع	س	ط	و	ر	خ	م	ظ	ک
ی	گ	ر	ی	ن	ح	ن	م	ت	م	م	ي	ه	ع
ف	ع	ت	ل	ن	خ	ط	س	ی	ل	ن	د	ر	ب
ص	م	ل	ض	م	ث	ل	ث	ذ	ل	ج	ي	ی	ب
ذ	ر	غ	ض	ث	ب	ژ	ن	ج	ز	و	ظ	ا	ا
د	و	گ	ر	د	ع	ع	س	ح	ا	د	ل	د	ي
آ	ع	ظ	پ	خ	ن	غ	م	ن	خ	ب	ل	ذ	پ
ظ	چ	ع	ذ	و	آ	چ	ت	م	ب	غ	ص	غ	ه

گوشه
کمان
دایره
سیلندر
مخروط
مکعب
منحنی
هذلولی
سمت
خط

بیضی
هرم
چند ضلعی
منشور
مربع
مستطیل
گرد
کره
مثلث

76 - Oceano

م	ک	ع	ج	ک	د	ث	م	ض	ل	ث	ح	پ	ع
ا	ا	و	ط	ح	ل	ق	ی	ا	ق	س	ا	ن	ر
ک	خ	ر	و	ل	ف	ز	گ	ن	چ	ر	خ	ه	و
ذ	ر	ت	م	آ	ی	ض	و	پ	م	پ	م	ن	س
ا	خ	ص	ا	ا	ن	ژ	ب	ت	ا	ل	ا	گ	د
ب	ذ	چ	ت	پ	ه	آ	ذ	ش	ه	ل	ه	ث	ر
ج	ر	پ	د	آ	و	ی	ذ	پ	ی	ص	ی	ي	ی
ن	ل	ز	گ	ط	ه	س	و	ک	آ	د	ت	ذ	ا
ف	پ	ب	خ	و	ل	ا	ع	ا	غ	ف	ن	ق	ی
س	م	ر	ک	ف	ژ	ژ	ت	ل	خ	ن	م	ک	ی
ا	ع	ن	ت	ا	ا	م	و	ا	ج	ا	ا	چ	ک
ر	غ	ق	ل	ن	ت	پ	ه	د	ر	ی	ا	ی	ی
ت	د	ي	ف	م	ر	ج	ا	ن	ت	گ	آ	ط	ث
آ	خ	ظ	ف	ص	ج	س	خ	ب	ن	ت	ع	ک	غ

جلبک
مارماهی
نهنگ
قایق
مرجان
دلفین
میگو
خرچنگ
عروس دریایی
امواج

صدف
ماهی
اختاپوس
نمک
تپه دریایی
اسفنج
کوسه
لاک پشت
طوفان
ماهی تن

77 - Veicoli

آ	ش	ف	د	پ	ک	ک	ص	ا	چ	ن	ه	ت	ژ
ذ	س	و	ب	و	ت	ا	آ	ل	خ	ف	و	ر	ز
ک	م	ی	پ	ر	چ	ش	ر	ا	ط	ق	ا	ا	خ
ا	و	ئ	آ	ت	ب	ر	غ	و	ا	ی	پ	ک	ز
م	ت	خ	ذ	م	و	آ	خ	ش	ا	ل	ی	ت	ی
ی	و	ا	ا	ز	ب	م	ت	ه	د	ن	م	و	ر
و	ر	گ	م	ن	گ	ب	پ	ا	پ	چ	ا	ر	د
ن	آ	و	ی	ق	ا	و	ر	و	ک	ط	د	ت	ر
ل	ا	س	ت	ی	ک	ل	ت	ا	ش	س	ط	پ	ی
خ	ذ	و	ب	ا	ف	ا	و	ل	و	ق	ی	و	ا
ت	ع	خ	د	ق	گ	ن	ک	ذ	م	ض	ر	ک	ی
ش	م	ا	ش	ی	ن	س	س	ذ	ش	م	ف	ی	ی
ش	ک	ژ	ي	گ	ق	ش	ا	ظ	ط	ي	ي	ل	ع
ی	چ	ت	ئ	ص	ص	ب	ع	ق	س	ئ	ع	ه	م

هواپیما
آمبولانس
ماشین
اتوبوس
دوچرخه
کامیون
کاروان
هلیکوپتر
مترو
موتور
شاتل
لاستیک
موشک
اسکوتر
زیردریایی
تاکسی
فری
تراکتور
قطار
قایق

78 - Emozioni

آ	ک	ش	ط	ض	خ	ر	آ	ط	ن	خ	و	ر	ر
ک	ط	ث	ف	ک	ن	ع	م	ح	ت	و	ا	ي	چ
س	ف	ه	و	د	ن	ا	و	م	غ	ض	ش	ی	د
ا	ا	س	ح	ع	س	ش	ا	د	ی	م	ا	ر	آ
ل	ک	ی	ا	ل	ن	آ	ص	چ	ا	ش	ل	ن	خ
ت	س	غ	ن	ی	ک	س	ت	ر	پ	خ	ی	و	چ
ژ	پ	ر	ر	ی	ذ	ک	آ	ه	ت	ل	ا	ج	خ
م	ا	ت	ی	س	ا	س	ح	م	د	س	ل	و	ج
ه	س	ی	ج	ع	ي	ع	خ	د	ا	ي	ذ	ق	ي
ر	گ	ا	ک	ي	ش	خ	ک	ر	ع	س	ن	ز	ب
ب	ز	ص	ی	ق	ب	ئ	گ	د	س	ک	ا	ت	ض
ا	ا	ح	ص	ا	ظ	ز	ج	ی	ح	خ	ي	ر	ذ
ن	ر	ع	ل	ح	ث	ژ	ئ	پ	د	ی	ق	س	ض
ی	و	ج	ح	ی	ف	ط	غ	آ	د	خ	ي	س	چ

صلح
ترس
خشم
تسکین
همدردی
راضی
حساسیت
آرامش
غم و اندوه

عشق
سعادت
آرام
محتوا
مهربانی
شادی
سپاسگزار
خجالت
کسالت

79 - Natura

پ	گ	آ	ف	غ	ر	ي	ض	ق	ی	م	ی	ا	ی
ن	ر	ر	ص	ر	د	ي	غ	چ	و	ژ	ه	ب	خ
ا	ب	ا	خ	ط	س	ه	و	پ	ف	ت	ن	ر	ک
ه	و	م	ر	ي	د	ا	ی	و	پ	ر	ا	ه	ث
گ	خ	ح	ه	ئ	ل	ن	ی	ئ	ئ	ژ	خ	ا	آ
ا	ا	گ	ش	ض	ق	پ	ا	ش	ج	ث	د	ق	غ
ه	ش	ی	ش	ی	ض	ث	ت	ا	ن	و	ا	ی	ح
ی	ق	گ	ر	م	س	ی	ر	ی	س	ش	ر	ت	گ
ق	ط	ب	ش	م	ا	ل	ب	ن	ی	خ	چ	ا	ل
پ	ک	و	ی	ر	و	گ	د	ز	ی	ا	ب	ی	ی
ص	د	و	ي	ش	ض	ن	و	ع	ن	پ	ز	ح	پ
م	ع	ی	ئ	ا	ط	ج	ی	خ	چ	غ	س	ث	گ
چ	ذ	پ	ح	ز	ن	ب	و	ر	ه	ا	ص	ش	ذ
ت	چ	ق	ع	ز	خ	ص	ش	ي	ل	س	ش	ب	چ

حیوانات
زنبورها
قطب شمال
زیبایی
کویر
پویا
فرسایش
رودخانه
شاخ و برگ
جنگل

یخچال
مه
ابرها
پناه
پناهگاه
صخره
وحشی
آرام
گرمسیری
حیاتی

80 - Balletto

ض	ا	ط	ک	چ	آ	ص	ف	ر	ف	آ	ه	ج	ر
م	م	ه	ا	ر	ت	ذ	ر	پ	م	پ	د	ر	پ
ت	و	ض	ز	آ	م	ژ	ت	م	ر	ی	ن	ق	ع
ی	ض	س	ا	ذ	گ	خ	س	ح	و	پ	ز	ص	غ
ر	و	آ	ی	ر	ن	ه	ک	ت	غ	ز	ا	ن	ط
ط	ر	س	د	ق	ر	م	ر	ث	ج	ص	ر	د	ث
ف	ع	ب	ا	آ	ی	ق	ا	ذ	ک	ق	ب	ه	غ
م	ل	ک	ر	ی	ض	ص	ا	ط	ج	ر	ع	چ	ل
پ	د	خ	ف	پ	ح	ط	ت	ص	ع	س	ش	د	ت
ج	ل	آ	ن	ب	ز	چ	ش	غ	ه	ا	ا	ع	پ
ع	ح	ر	ا	ف	ل	ی	غ	ب	ل	خ	ک	ض	ي
ژ	ب	ض	ج	ی	ح	ن	ص	م	پ	ئ	ذ	ل	ف
ت	ک	ن	ی	ک	ل	ض	ط	ش	م	م	ض	ا	خ
آ	ه	ن	گ	س	ا	ز	ر	ث	ی	ط	م	ت	گ

مهارت
هنری
انفرادی
رقاصه
رقصنده
آهنگساز
رقص
رسا
ژست

برازنده
شدت
عضلات
موسیقی
ارکستر
تمرین
ریتم
سبک
تکنیک

81 - Paesi #1

ع	ش	ئ	ک	ا	ن	ا	د	ا	ه	ب	خ	ص	غ
ا	ر	ت	ع	و	ب	ر	ز	ی	ل	ن	ب	خ	گ
ز	گ	ث	پ	ث	آ	ص	ژ	ظ	ع	ئ	د	ئ	ظ
س	ش	ت	د	پ	م	م	ا	ن	ت	ی	و	آ	ی
پ	م	س	ک	ع	ن	ظ	ز	ا	ی	گ	ل	ت	م
م	پ	ذ	ح	ر	پ	ز	ن	ل	ظ	ض	ی	ج	ر
ض	و	ل	ا	گ	ن	س	م	ژ	ق	ق	ی	م	ا
آ	ی	ل	ا	م	ح	ر	ج	و	ب	م	ا	ک	ک
ط	غ	ا	ی	ن	ا	م	و	ر	ل	ن	ر	ر	ش
ي	ح	د	ن	ا	ل	ن	ف	ن	ی	ک	س	آ	ع
ژ	د	آ	ا	ژ	غ	آ	ا	ش	ب	ل	ا	ژ	ص
ا	ث	خ	پ	ق	ع	د	ص	پ	ی	آ	ر	ق	ا
س	ن	س	س	ل	ه	س	ت	ا	ن	س	ي	ص	ذ
آ	ل	م	ا	ن	و	ن	ز	و	ئ	ل	ا	ک	ص

برزیل
کامبوج
کانادا
مصر
فنلاند
آلمان
هند
عراق
اسراییل
لیبی
مالی
مراکش
نروژ
پاناما
لهستان
رومانی
سنگال
اسپانیا
ونزوئلا
ویتنام

82 - Geometria

ث	گ	ا	م	آ	ک	د	د	ض	د	پ	ط	ن	ز
ظ	ق	ئ	ظ	ن	ف	م	آ	ز	ظ	م	م	ع	د
ط	ج	ق	ق	ق	ظ	ا	و	آ	ز	ع	ک	ف	ک
م	ح	و	ع	ا	ی	ث	د	ث	م	ا	چ	ف	ض
ز	آ	ض	ن	ظ	پ	ث	ز	ت	ن	ف	و	ف	خ
م	و	ا	ز	ی	ن	ح	ن	م	ط	ت	ک	ی	ث
ظ	گ	ق	د	م	آ	ط	ذ	ح	ق	ر	ط	ق	ه
ش	م	ا	ر	ه	ل	س	ح	ن	د	ا	ی	ف	ن
م	ث	ل	ث	م	د	ا	ی	ر	ه	ق	آ	ا	ظ
ل	م	ش	د	ح	ئ	ش	د	ا	ل	ن	ش	ژ	ر
آ	ي	ش	ح	ا	ح	ق	و	ق	د	م	ا	ز	ی
ف	ب	م	خ	س	ل	ر	م	ت	ا	ا	ن	ی	ه
ض	ع	ز	ت	ب	س	ن	ع	ف	ع	ح	ک	ر	م
ع	د	د	ي	ه	د	ی	ر	غ	م	چ	ن	و	و

ارتفاع
زاویه
محاسبه
دایره
منحنی
قطر
بعد
معادله
منطق
میانه

شماره
افقی
موازی
نسبت
بخش
تقارن
سطح
نظریه
مثلث
عمودی

83 - Foresta Pluviale

ن	ت	س	ژ	و	پ	م	ف	ی	ب	پ	ب	پ	چ
ا	ه	ر	ب	ا	ن	م	ج	ن	ا	و	ب	ت	ب
ر	ز	د	م	ن	ا	گ	د	ن	ر	پ	م	ظ	ق
ا	خ	و	ب	ی	ه	ب	ا	ا	ر	ز	ش	ی	ا
د	ب	چ	ئ	ی	م	ا	ر	ت	ح	ا	ح	ش	ئ
ن	ا	ت	س	ی	ز	و	د	ق	غ	ل	ف	ع	ج
ا	ت	ژ	ط	ث	ف	م	ژ	پ	ص	چ	ظ	ب	و
ت	ف	ز	ب	ل	ل	پ	ي	ظ	س	گ	ي	ث	ق
س	ج	ص	ی	ر	گ	و	ذ	خ	ق	ب	ع	ی	ث
پ	ز	ل	ع	و	ن	ت	و	ن	ا	ئ	پ	پ	ک
ص	خ	ث	ت	چ	ج	ا	چ	س	ف	ق	س	ژ	ذ
ک	ح	ا	ذ	خ	گ	ر	و	ذ	ذ	پ	ل	غ	ژ
د	ق	گ	ی	ا	ه	ش	ن	ا	س	ی	د	ی	ف
ف	ف	خ	خ	ژ	ل	ح	ا	ح	و	ح	ج	ز	م

دوزیستان
گیاه شناسی
اقلیم
انجمن
تنوع
جنگل
بومی
حشرات
پستانداران
خزه

طبیعت
ابرها
حفظ
با ارزش
ترمیم
پناه
احترام
بقا
پرندگان

84 - Edifici

ب	س	و	ظ	ز	ی	آ	ت	ع	ر	ق	م	و	ه
ی	س	ر	ش	چ	ز	پ	ر	ئ	خ	د	ق	ت	خ
م	ی	ز	ط	غ	ک	ا	خ	ب	ر	ج	ل	و	د
ا	ن	ش	چ	ا	د	ر	ح	س	س	ف	ا	ر	ت
ر	م	گ	ش	م	پ	ت	ه	ت	ل	ب	چ	ا	خ
س	ا	ا	خ	ر	ل	م	ئ	چ	گ	ع	خ	ب	ج
ت	چ	ه	ي	ظ	ق	ا	ص	ا	م	ت	ک	ن	ج
ا	ک	ا	ر	خ	ا	ن	ه	ي	ر	ت	ز	ا	د
ن	ظ	م	و	ز	ه	ا	گ	ش	ی	ا	م	ز	آ
ی	ب	ط	ح	ل	ه	ن	ا	خ	د	ص	ر	ث	ژ
ب	ن	ئ	ف	ژ	ت	ک	ر	ا	م	ر	پ	و	س
ا	ب	ي	ذ	ح	آ	ه	ا	گ	ش	ن	ا	د	م
ک	ط	م	ژ	چ	س	س	گ	ع	ب	ح	ژ	ز	د
چ	ش	ی	ا	م	ن	خ	م	ا	ط	ه	ع	ل	ق

سفارت
آپارتمان
کابین
قلعه
سینما
کارخانه
انبار
هتل
آزمایشگاه
موزه

بیمارستان
رصدخانه
خوابگاه
مدرسه
ورزشگاه
سوپرمارکت
نمایش
چادر
برج
دانشگاه

85 - Paesi #2

و	ن	پ	ژ	ا	ت	ی	و	پ	ی	ت	ن	ذ	م
ق	ذ	ا	ا	ص	م	س	ظ	ف	ت	ک	پ	ث	ب
ک	پ	س	و	ج	ا	م	ا	ئ	ی	ک	ا	ق	ل
ن	خ	و	ک	س	ذ	ر	ض	ز	ئ	آ	ل	ی	و
ک	ض	د	ر	و	ظ	ث	ک	ر	ا	م	ن	ا	د
آ	ا	ا	ا	ر	ژ	م	ن	ظ	ه	ج	خ	ز	ظ
ت	و	ن	ی	ی	م	ش	ض	ه	ی	ر	ج	ی	ن
ل	گ	ق	ن	ه	ا	ی	ر	ب	ی	ل	ز	ن	ا
ض	ا	ک	ن	ا	ت	س	ک	ا	پ	ن	ل	ا	ذ
ز	ن	ن	ر	ه	ی	ن	ت	س	و	ي	گ	ب	ث
ک	د	ح	ا	ی	ر	ل	ن	د	ج	ح	ن	ل	و
س	ا	ش	ش	س	ر	ز	ن	ر	ش	و	ج	آ	گ
ظ	و	ف	پ	و	ر	ا	ج	ي	ن	ا	ن	و	ی
چ	خ	ر	غ	ر	ت	ئ	چ	س	و	ا	ل	ض	ث

آلبانی
دانمارک
اتیوپی
جامائیکا
ژاپن
یونان
هائیتی
اندونزی
ایرلند
لاوس

لیبریا
مکزیک
نپال
نیجریه
پاکستان
روسیه
سوریه
سودان
اوکراین
اوگاندا

86 - Tipi di Capelli

ش	س	پ	ت	ر	آ	ط	ر	ا	ی	د	ض	ح	خ
س	ئ	ث	غ	ل	چ	س	ف	ی	د	ظ	گ	س	ا
ن	ا	ز	ک	ي	ب	ا	ن	ر	ر	ن	ض	ض	ک
ر	ذ	س	ث	ل	ش	ط	ع	ف	ش	م	ل	ا	س
ط	ک	د	ظ	ژ	ظ	ض	و	ر	م	ن	ظ	ب	ت
ه	پ	پ	ن	م	خ	ب	ا	ف	ت	ه	ر	و	ر
ا	ر	ن	گ	ی	ش	ئ	ع	ف	ن	گ	ف	م	ی
ت	و	ق	ن	خ	ک	ص	ا	ف	و	ر	ح	چ	ث
و	ب	ئ	ن	ض	چ	ف	د	ظ	ا	د	ط	ت	ن
ک	ن	م	و	ر	ذ	ا	چ	س	ر	ب	ب	ص	ن
ق	ی	و	ا	غ	ظ	ظ	ن	ی	ه	ث	ح	ش	ح
م	ث	گ	ر	ق	ژ	ف	ظ	ا	ا	د	ح	ح	ع
ل	ث	ف	ب	س	ب	ص	ژ	ه	د	غ	ظ	ث	ب
د	ف	ر	ض	ن	س	ک	ج	ز	ق	ث	غ	ب	ع

نقره
خشک
سفید
بور
کوتاه
طاس
رنگی
خاکستری
بافته
صاف

بلند
براون
نرم
سیاه
فرفری
فر
سالم
نازک
ضخیم
نوارها

87 - Vestiti

د	خ	ف	ح	ش	پ	گ	ض	س	چ	ذ	ژ	ا	چ
م	س	گ	ر	د	ن	ب	ن	د	ح	ف	ا	ح	ض
ل	ا	ت	ک	ق	ن	چ	خ	ک	ک	ک	چ	ص	ي
ص	ب	ک	ب	ک	م	ر	ب	ن	د	ب	ک	خ	ر
ص	ل	ا	ئ	ن	ا	ظ	پ	ا	م	ع	ت	ف	و
ن	ع	ژ	ل	ی	د	ط	د	ی	ک	ل	ا	ه	س
د	ث	ق	ض	ج	ر	ص	د	س	ر	ئ	س	ص	ر
ل	ئ	آ	ج	ر	ا	و	ل	ش	ت	ا	غ	ح	ی
ع	ط	ظ	س	ا	و	ص	ع	ف	د	ک	ه	ن	ج
ق	ص	ب	ت	و	م	م	ا	ک	خ	ظ	ش	ن	و
ع	ح	ح	ث	ل	ل	ب	ا	س	خ	و	ا	ب	ر
د	ب	ق	ض	ش	ظ	ظ	ح	ف	ع	ل	ذ	ئ	ا
ی	ض	ا	ن	ئ	ب	ل	و	ز	ق	ش	ف	خ	ب
گ	و	ي	خ	ت	ک	س	ک	غ	ظ	ي	ض	غ	ش

لباس
دستبند
جوراب
بلوز
پیراهن
کلاه
کت
کمربند
گردنبند
دامن

صحن
دستکش
شلوار جین
ژاکت
مد
شلوار
لباس خواب
صندل
کفش
روسری

88 - Attività e Tempo Libero

ث	ث	ب	ب	ر	ی	س	ض	ا	ذ	ع	ر	آ	م
ذ	ظ	ب	ب	و	ض	ظ	ک	ق	غ	ي	خ	ر	و
ب	خ	ف	و	م	ا	ه	ی	گ	ی	ر	ی	ا	ج
ک	ی	ر	ک	ج	ق	ذ	ف	ظ	ع	ي	ط	م	س
ش	م	س	س	ی	ن	ت	چ	ظ	خ	ئ	ر	ش	و
ن	ر	پ	ب	گ	ل	ف	ش	ح	ر	ژ	و	ب	ا
ا	گ	ر	ی	ا	س	ف	ر	م	ث	ح	ث	خ	ر
ک	ر	چ	ژ	ن	ل	ا	ب	ت	و	ف	آ	ش	ی
ر	س	ژ	ف	ظ	گ	پ	ی	ا	د	ه	ر	و	ی
د	ن	غ	و	ا	ص	ی	ن	ا	ب	غ	ا	ب	ف
ن	گ	ق	ح	ب	ف	و	ا	ل	ی	ب	ا	ل	ب
چ	ک	ا	ا	ئ	ف	د	چ	چ	خ	ئ	ي	د	ش
خ	ه	ن	ر	ش	ت	ف	ی	گ	ح	ر	ئ	ق	ح
ا	ا	ی	ژ	ي	ی	ب	س	ک	ت	ب	ا	ل	ئ

هنر
بیسبال
بسکتبال
بوکس
فوتبال
کمپینگ
پیاده روی
باغبانی
گلف
سرگرمی

غواصی
شنا کردن
والیبال
ماهیگیری
نقاشی
آرامش بخش
موج سواری
تنیس
سفر

89 - Arte

پ	م	ص	پ	ح	ن	م	پ	ح	ا	ن	ص	ط	ص
ی	و	ا	ی	ص	ا	م	ق	د	ب	ی	ر	ص	ب
چ	ئ	د	س	ر	ی	ل	ا	د	ق	م	ج	ي	ن
ی	ض	ق	ح	پ	ب	ک	ت	د	ژ	و	ژ	ا	آ
د	ي	ا	ج	ذ	ق	ش	د	ر	ح	ض	ی	ر	د
ه	چ	غ	ط	ک	ک	ش	ح	ف	ظ	و	ذ	ل	ر
گ	ش	خ	ص	ی	ا	و	ر	ث	ر	ع	ش	ژ	چ
ژ	ص	ق	ث	م	ص	ئ	ر	ذ	ح	گ	ي	ق	ي
س	ا	د	ه	ا	ل	ف	ع	آ	آ	ث	ب	چ	خ
ط	ذ	ا	ح	ر	ی	ز	ا	س	ه	م	س	ج	م
ق	ن	ظ	ر	س	ذ	ب	پ	خ	ت	ر	ک	ی	ب
س	و	ر	ر	ئ	ا	ل	ی	س	م	ز	ز	د	ر
خ	ر	ع	ت	ل	ص	ن	ظ	غ	ض	ج	ع	ج	و
ا	ل	ه	ا	م	گ	ر	ف	ت	ه	ش	چ	ل	م

سرامیک
پیچیده
ترکیب
ایجاد
بیان
شکل
الهام گرفته
صادق
اصلی

شخصی
شعر
مجسمه سازی
ساده
نماد
موضوع
سوررئالیسم
حالت
بصری

90 - Meteo

ی گ غ ز گ ر ف س م ت ا ت آ ط
ل ژ ز ج ر ب د ر ي ت ن س ک و
ا ق ل ی م ا ض خ ئ د م ح ئ ف
س ذ ز ل س آ ف ش ر ا آ ن ش ا
ک ک ظ ج ی خ ر ک ن ب ا ي ش ن
ش ش خ پ ر ع و گ ح غ ا ز ق ص
خ ب ق ف ی ت ر ا ر ح ه ج ر د
ژ د ا ب د ر گ ح م ا ر آ ب ذ
چ ث ط و ح ض و ک ج م ه م و ض
ز ق گ ط ض ظ خ ی ذ و ل م د خ
ط ذ خ ر گ ع گ خ م ی س ن ع س
ث ت ص م ئ ق ن گ ی م ب ب ر ف
چ غ ن ا م ک ن ی گ ن ر گ ذ ظ
ژ ح ش ل گ ي ی ک ظ ع ذ ي س ش

ابر
قطبی
خشکسالی
درجه حرارت
طوفان
گردباد
گرمسیری
تندر
مرطوب
باد

رنگین کمان
خشک
اتمسفر
نسیم
آرام
آسمان
اقلیم
رعد و برق
یخ
مه

91 - Corpo Umano

ب	ض	گ	م	ص	ظ	ظ	ز	ز	غ	م	ش	چ	ث
ژ	ج	ر	س	ت	س	ب	ئ	ي	ص	ع	ق	ل	ب
گ	و	د	ص	غ	ق	ط	ش	ژ	ک	د	ف	ق	ق
و	ف	ن	و	خ	ب	ن	م	پ	ا	ه	ن	ا	چ
ش	ش	ا	ن	ه	ظ	ی	گ	چ	ن	پ	ت	ک	چ
ی	ف	ژ	ا	م	ص	و	ر	ت	گ	ا	چ	خ	ی
ر	گ	ج	ز	ف	ض	ی	چ	س	ش	ظ	ر	م	ی
ل	ئ	ژ	د	آ	ر	ن	ج	د	ت	ف	ص	س	س
ب	ز	ج	د	ه	ژ	ی	غ	س	غ	س	ع	پ	ر
ز	ص	د	ظ	ر	ا	ب	پ	ا	ج	ی	و	ض	ث
ج	ص	ص	چ	ذ	ف	ن	ق	ث	ی	ح	غ	پ	ح
ز	د	و	ن	ک	ض	ي	ا	ث	و	ز	گ	ي	آ
گ	ز	خ	ژ	ح	ک	ب	ز	ئ	پ	ف	ف	ئ	گ
ل	ا	ی	ش	ي	ش	چ	ص	ظ	ي	ئ	ح	ک	ط

دهان	دست
مچ پا	چانه
مغز	بینی
گردن	چشم
قلب	گوش
انگشت	پوست
صورت	خون
پا	شانه
زانو	معده
آرنج	سر

92 - Mammiferi

ت	ک	ک	ظ	ف	ر	ج	ص	گ	غ	ج	ک	ک	ک
ک	ک	ص	خ	ح	خ	خ	ر	خ	ا	س	د	ک	ا
ت	ش	و	آ	ت	ج	ر	ی	ش	غ	و	ش	ل	ن
ب	غ	ظ	و	ل	ذ	گ	ز	د	ک	ش	ژ	م	گ
ت	ظ	غ	غ	غ	گ	و	و	ن	ی	ف	ل	د	و
س	غ	ا	ض	ط	ج	ش	ه	ف	ا	ر	ز	ئ	ر
ط	ا	خ	ت	چ	ل	ش	و	س	ر	خ	ل	خ	و
ض	ئ	ک	گ	و	خ	س	ت	و	ه	آ	ئ	گ	آ
ف	ا	ک	س	ا	ز	گ	ي	گ	ن	ه	ن	و	ف
ح	ف	م	ک	ج	و	س	ه	ب	ر	گ	ي	ر	پ
ا	ع	ذ	ی	ح	ک	ن	آ	س	خ	گ	ف	ی	ر
ش	ظ	ع	خ	م	ض	ش	ر	ا	ر	و	ی	ل	آ
ک	ا	ی	و	ت	و	ئ	خ	ذ	و	ل	ل	ث	ج
ر	ک	ل	پ	خ	ئ	ن	ث	ع	گ	ز	ز	و	ی

نهنگ
سگ
کانگورو
اسب
آهو
خرگوش
کایوت
دلفین
فیل
گربه

زرافه
گوریل
شیر
گرگ
خرس
گوسفند
میمون
گاو نر
فاکس
گورخر

93 - Animali Domestici

د	ه	ب	ر	گ	ه	چ	ب	ل	ن	س	و	ا	م
ا	ی	د	ش	ح	ج	ب	ع	ي	ي	ه	ف	ن	ج
م	و	ج	ک	ل	ن	چ	و	ژ	ز	م	ا	ض	ف
پ	س	و	ی	ض	پ	ح	پ	م	ج	س	ل	گ	ص
ز	غ	ب	ت	ش	پ	ک	ا	ل	ی	ت	م	ح	ب
ش	پ	س	آ	ب	آ	گ	ي	ق	ئ	ر	ع	آ	ک
ک	ل	ن	غ	آ	م	ا	ه	ی	ل	ذ	ط	ف	ژ
ض	س	ض	آ	ئ	ا	و	ت	خ	ر	گ	و	ش	ب
ن	گ	س	ذ	غ	ن	و	ط	ز	ر	س	ط	ف	پ
خ	ض	ي	ذ	ش	ل	ط	ی	ب	ر	آ	ی	ف	د
خ	ح	س	آ	ه	ث	م	ه	ن	و	ی	ذ	ش	ک
ر	آ	و	س	ش	ح	ق	م	غ	ض	ظ	چ	د	ض
ذ	ف	گ	ط	ک	ق	آ	ي	ذ	چ	ض	خ	م	ذ
پ	ک	ل	و	م	ر	ا	م	ا	آ	ش	س	ذ	ذ

آب
سگ
بز
غذا
دم
یقه
خرگوش
همستر
توله سگ
بچه گربه

گربه
مارمولک
گاو
طوطی
ماهی
لاک پشت
ماوس
دامپزشک
پنجه

94 - Giardinaggio

ش	ا	خ	و	ب	ر	گ	ی	ي	ژ	ب	ب	ف	ع
ث	ب	گ	ی	ا	ه	ش	ن	ا	س	ی	ر	ص	ت
گ	ذ	ک	ط	ی	ی	خ	ذ	ث	خ	ر	گ	ل	آ
آ	ک	م	پ	و	س	ت	ن	ض	ت	غ	ر	ی	ب
غ	خ	ا	ث	ت	غ	م	گ	ی	ئ	و	ط	ک	گ
ي	ا	ط	ق	ص	س	ط	ظ	ر	ف	ب	و	ا	ذ
آ	ک	ب	ا	ل	ش	ک	و	ف	ه	ی	ب	ر	ص
غ	ظ	ع	ر	ل	ی	ق	ق	ی	ن	ج	ت	و	ط
د	س	ت	ه	گ	ل	م	م	ع	ا	ع	ع	خ	گ
ي	ل	ن	ث	ی	ظ	ر	ض	ذ	د	س	ن	ف	آ
ق	س	ظ	ص	ف	ي	ژ	ن	ک	ق	ظ	ظ	چ	خ
ل	ا	و	ژ	ظ	پ	ذ	ح	گ	ع	ط	ز	چ	خ
و	چ	ق	ط	ش	ل	ن	گ	ر	ص	ف	ل	س	ر
ک	ل	ی	ف	ح	ج	گ	ب	ک	پ	ی	ن	ط	ا

آب
گیاه شناسی
اقلیم
خوراکی
کمپوست
ظرف
عجیب و غریب
شکوفه
گل

برگ
شاخ و برگ
باغ
دسته گل
دانه
خاک
فصلی
شلنگ
رطوبت

95 - Universo

آ	ب	آ	ب	س	ظ	پ	س	ک	ک	س	گ	ث	ق
ث	ی	س	ب	ل	ط	پ	ش	ه	ی	ا	ح	ح	ج
ژ	ا	م	و	ج	ن	و	د	ک	ه	ن	ن	ژ	ا
ض	ص	ا	خ	ز	ض	ک	ل	ش	ا	ش	ز	ب	ف
ج	چ	ن	ن	ا	م	س	آ	ا	ن	ه	ک	ذ	ق
گ	خ	ی	ظ	س	د	ل	ا	ن	ی	ر	ر	ل	ي
ج	ش	ن	ک	ض	ا	ت	ص	ت	ذ	ا	آ	ی	ق
م	ي	ت	ظ	ی	ر	پ	ج	ی	م	ت	د	د	ا
غ	ذ	م	ژ	ک	ر	ا	ی	س	ی	س	آ	ی	ب
ب	ب	ا	ل	ق	ن	ا	ح	ب	ظ	ل	ف	ش	ل
ژ	ظ	ه	ظ	چ	ث	د	ت	پ	ظ	ل	ح	ر	ر
ع	ر	ض	ج	غ	ر	ا	ف	ی	ا	ی	ی	و	و
ن	ی	م	ک	ر	ه	ز	و	د	ی	ا	ک	خ	ی
ذ	ذ	ث	ث	ف	ح	ش	و	س	ض	ذ	و	غ	ت

سیارک
نجوم
ستاره شناس
اتمسفر
تاریکی
آسمانی
آسمان
کیهانی
نیمکره
کهکشان

عرض جغرافیایی
طول
ماه
مدار
افق
خورشیدی
انقلاب
تلسکوپ
قابل رویت
زودیاک

96 - Jazz

آ	ق	ت	ل	ل	م	خ	ر	ق	ن	ز	ژ	ک	ی
ح	د	ا	ن	و	ا	ز	ن	د	گ	ا	ن	و	س
ي	ی	ک	چ	ر	ی	ت	م	ح	ت	س	ی	ب	ر
ب	م	ی	ط	ش	آ	و	و	ط	ر	گ	ق	ط	ض
س	ی	د	گ	ن	ه	چ	ا	ت	ک	ن	ی	ک	س
ص	س	آ	ب	ن	ن	ج	ر	خ	ئ	ه	س	خ	ش
ث	ا	ژ	ر	س	ا	ط	د	م	س	آ	و	ع	ن
س	ر	م	ت	ق	ر	ف	د	ش	ق	ض	م	ا	ک
ش	ن	و	س	ئ	ت	غ	ل	ه	ه	ه	ا	د	ب
د	س	ب	ک	ف	ص	ض	خ	و	م	ئ	ک	ی	ی
ز	ح	ل	ر	ب	ل	ث	و	ر	م	ا	ر	د	ک
پ	ي	آ	ا	پ	آ	ق	ا	د	ش	ک	ن	ج	ر
د	ا	د	ع	ت	س	ا	ه	م	آ	ر	د	ض	ت
ژ	م	ع	ز	ت	ل	ج	ل	ر	ز	پ	و	ئ	ق

موسیقی
نوازندگان
جدید
ارکستر
موارد دلخواه
ریتم
سبک
استعداد
تکنیک
قدیمی

آلبوم
هنرمند
درام
ترانه
آهنگساز
ترکیب
کنسرت
تاکید
مشهور
بداهه

97 - Vacanze #2

و	ت	ا	ل	ى	ط	ع	ت	آ	ا	ى	ر	د	خ
ى	ت	ي	ح	ن	ز	ح	د	ا	م	ن	ف	ا	ط
ز	ا	ل	ا	چ	ض	ج	ش	ق	س	ف	ر	ر	ژ
ا	ک	خ	س	ا	گ	چ	ص	س	ظ	ج	د	س	ب
ز	س	ز	ک	ئ	گ	د	ا	چ	ى	ج	ا	ت	ف
ل	ى	ک	ع	س	ف	ص	د	پ	پ	ج	چ	و	ذ
ک	م	پ	ى	ن	گ	ش	ر	ک	ن	ج	ى	ر	ز
ح	ئ	ر	ق	ل	ت	ه	ف	ر	و	د	گ	ا	ه
ف	ف	ش	ا	ذ	ح	ف	ر	ر	ا	ط	ق	ن	ت
ر	ه	ج	ب	س	ک	ج	ه	م	ا	ن	ر	ذ	گ
ا	ر	ح	ت	ب	ق	آ	ق	ش	ص	ث	پ	د	ح
غ	ى	ن	س	ط	ف	ژ	ب	غ	ق	ط	ع	ي	ح
ت	ز	م	ر	ئ	ج	ض	ت	ر	ص	ر	ش	ب	ش
ى	ج	چ	ل	ق	ن	و	ل	م	ح	ث	ث	ک	ف

ساحل
خارجی
تاکسی
فراغت
چادر
حمل و نقل
قطار
تعطیلات
سفر
ویزا

فرودگاه
کمپینگ
مقصد
عکس
هتل
جزیره
نقشه
دریا
گذرنامه
رستوران

98 - Attività

پ	ی	ا	د	ه	ر	و	ی	د	ث	ن	م	ث	ب
ا	س	ف	ر	ا	غ	ت	خ	و	ن	ق	ا	ض	ا
ص	ا	ف	ر	ئ	خ	آ	ت	خ	ط	ا	ه	ت	غ
س	ک	س	ث	ش	م	ث	ی	ت	ظ	ش	ی	ع	ب
ل	ع	ظ	ذ	ز	گ	ن	ل	س	ض	ی	گ	ش	ا
پ	ت	ج	ظ	ص	و	د	ا	ج	ذ	ت	ی	ک	ن
ض	ب	ط	خ	ي	چ	ن	ع	ف	ل	ز	ر	ا	ی
پ	ن	ف	ح	چ	ص	ا	ف	ز	ع	ذ	ی	ر	ث
ئ	ل	ف	گ	ک	د	و	ئ	ت	ص	ک	ت	ث	ز
و	آ	ط	ک	ی	م	خ	چ	گ	ا	ف	ب	ض	پ
ت	ر	ا	ه	م	ص	ن	ا	ی	ع	د	س	ت	ی
چ	ا	ن	ع	ا	ژ	ز	ک	م	پ	ی	ن	گ	ئ
غ	م	ذ	ه	ر	آ	ر	ق	ص	ص	ژ	س	پ	گ
غ	ش	ح	ا	س	پ	گ	خ	ا	غ	آ	د	گ	ط

مهارت
هنر
صنایع دستی
فعالیت
شکار
کمپینگ
سرامیک
دوخت
رقص
پیاده روی

عکاسی
باغبانی
منافع
خواندن
جادو
ماهیگیری
لذت
نقاشی
آرامش
فراغت

99 - Diplomazia

پ	ز	ز	ق	ز	و	چ	ه	م	ط	ل	آ	ر	م
ی	ک	پ	ا	ر	چ	گ	ی	م	د	ث	ي	پ	ع
ر	د	ي	ل	د	ل	ئ	ت	ص	ک	ن	ق	و	ا
ب	ح	ث	خ	خ	ی	ک	ت	ث	ی	ا	ی	آ	ه
ش	و	ف	ا	آ	ن	پ	ذ	پ	ع	ی	ر	ل	د
م	ش	ا	و	ر	غ	ت	ل	ا	د	ع	ي	ی	ه
ا	ن	ج	م	ن	ي	ج	ل	م	ر	ا	ه	ح	ل
د	ر	گ	ی	ر	ی	آ	س	س	ا	ث	ح	س	ا
ن	ک	ف	گ	ت	س	پ	ف	ف	م	ت	خ	ظ	م
گ	س	س	ی	ا	س	ت	ا	ی	و	ل	ی	و	ن
ح	ف	ب	ت	ر	پ	ذ	ر	ر	ض	و	ش	ک	ی
ل	ص	ظ	ث	گ	ک	د	ت	ض	و	د	ق	ث	ت
ش	ه	ر	و	ن	د	ا	ن	ک	ح	ص	ج	ئ	ز
ب	ش	ر	د	و	س	ت	ا	ن	ه	ش	پ	ض	ص

سفارت
سفیر
شهروندان
مدنی
انجمن
درگیری
مشاور
همکاری
دیپلماتیک
بحث

اخلاق
عدالت
دولت
یکپارچگی
سیاست
وضوح
امنیت
راه حل
معاهده
بشردوستانه

100 - Misurazioni

م	ا	ا	غ	پ	ی	ذ	آ	س	ظ	ي	د	ض	ت
چ	ی	ج	ط	ي	ض	ف	ل	ژ	ئ	خ	ي	ي	ف
ت	ی	ز	و	ز	ث	ي	ع	ب	ث	ک	چ	م	ش
د	ق	ی	ق	ه	ذ	و	آ	ل	ع	ر	ر	چ	ظ
س	م	د	ر	ج	ه	س	غ	ع	ج	ر	م	ل	ی
ی	ع	ک	ب	ا	ی	ت	ض	ا	ن	ت	ج	و	م
ن	ل	ص	چ	ژ	ئ	م	ئ	ف	ط	ج	ج	غ	ع
ج	ی	س	ا	ن	ت	ی	م	ت	ر	و	گ	ر	م
ص	ت	ن	ت	ز	ی	ر	ق	ر	س	ی	ل	و	چ
ش	ر	و	ذ	و	پ	ا	گ	ا	گ	ک	م	ي	ع
ئ	ض	ا	ژ	ن	ی	ش	ژ	آ	و	و	ع	د	ر
گ	س	ک	ک	ت	ب	ع	پ	ک	م	ح	ل	ن	ض
ژ	آ	ذ	ح	ا	ن	ا	ر	و	ت	ث	گ	ی	چ
ل	ت	ک	ی	ل	و	م	ت	ر	ر	ي	ث	ر	ک

ارتفاع
بایت
سانتیمتر
کیلوگرم
کیلومتر
اعشاری
درجه
گرم
عرض
لیتر

طول
جرم
متر
دقیقه
اونس
وزن
اینچ
عمق
تن

1 - Salute e Benessere #2

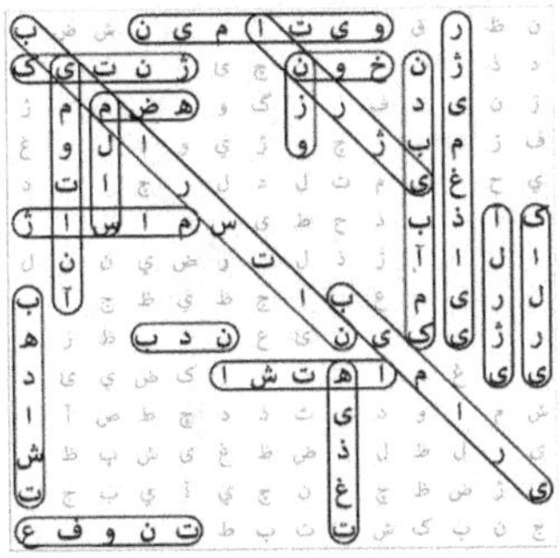

2 - Aggettivi #2

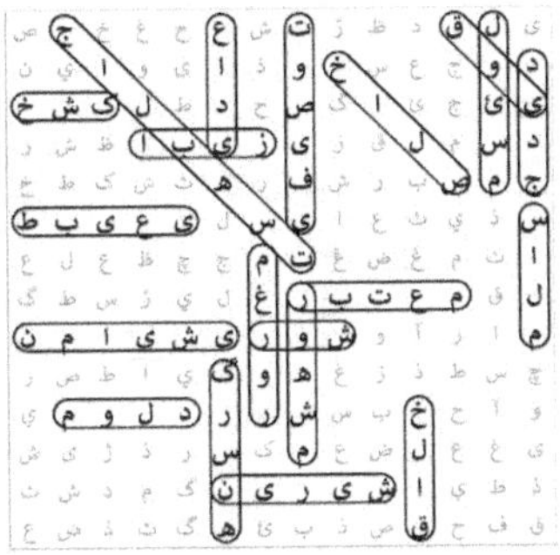

3 - Ingegneria

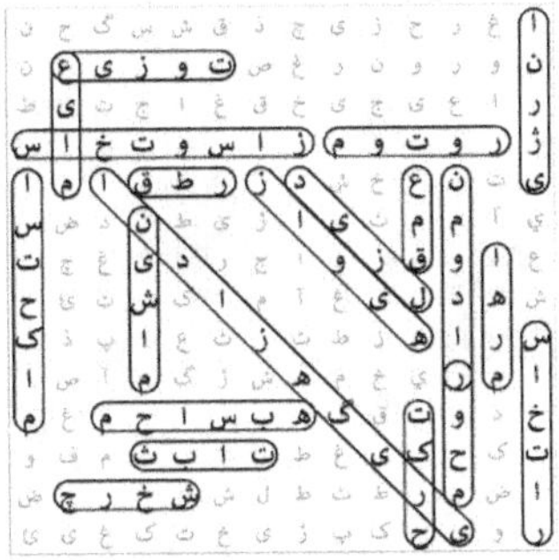

4 - Archeologia

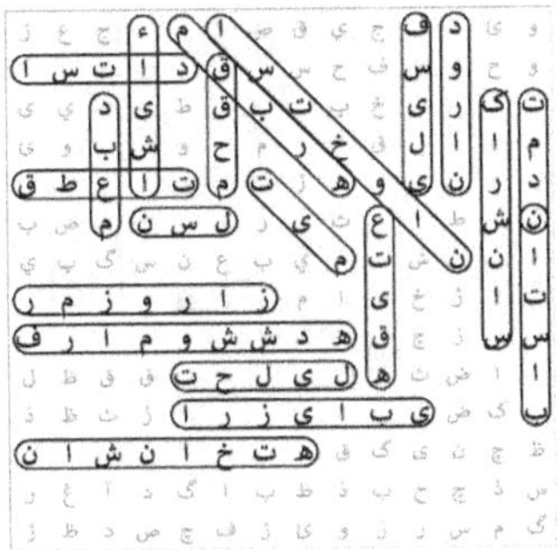

5 - Salute e Benessere #1

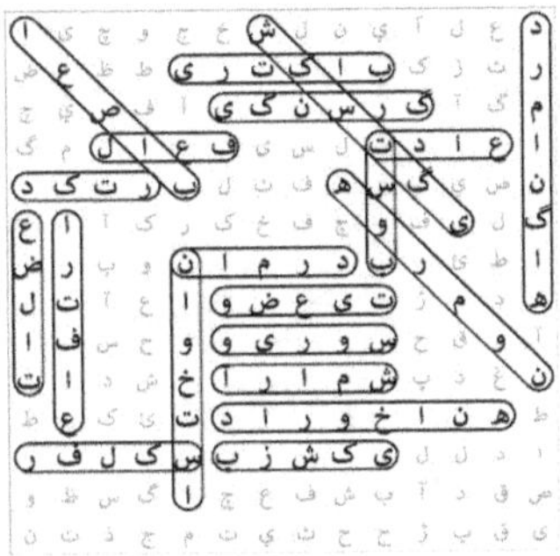

6 - Aggettivi #1

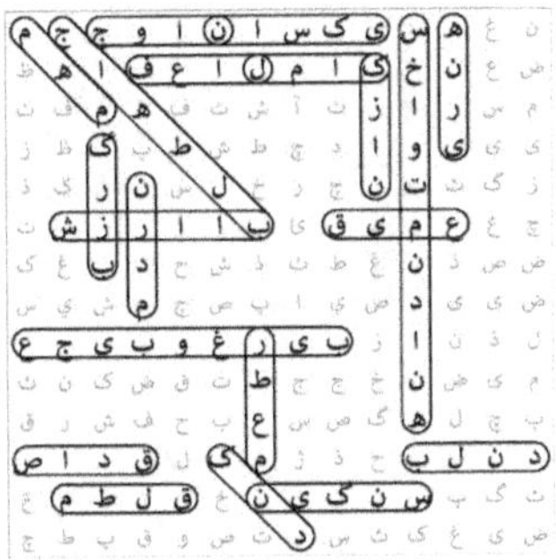

7 - Geologia

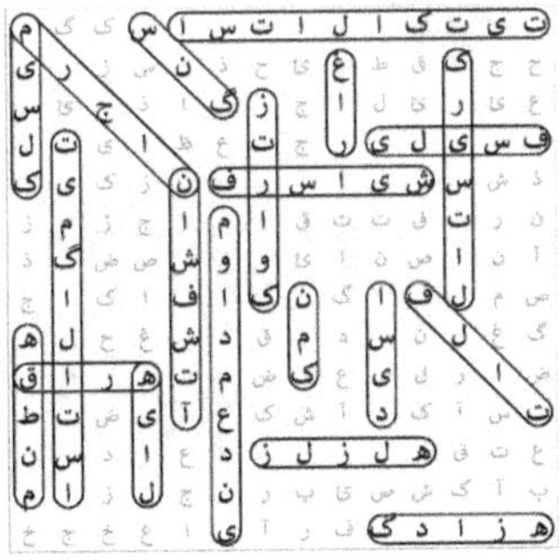

8 - Campeggio

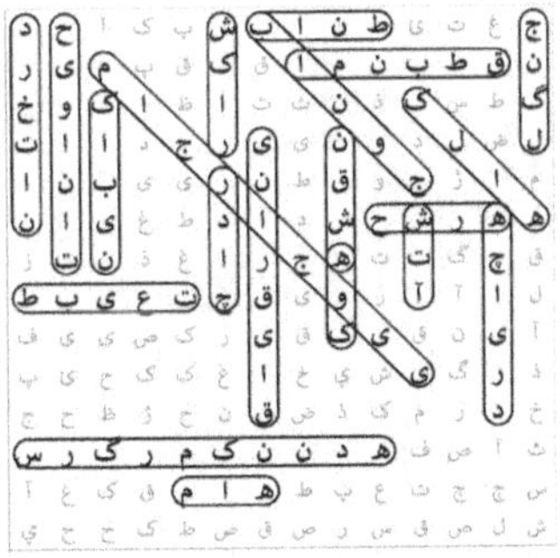

9 - Arti Visive

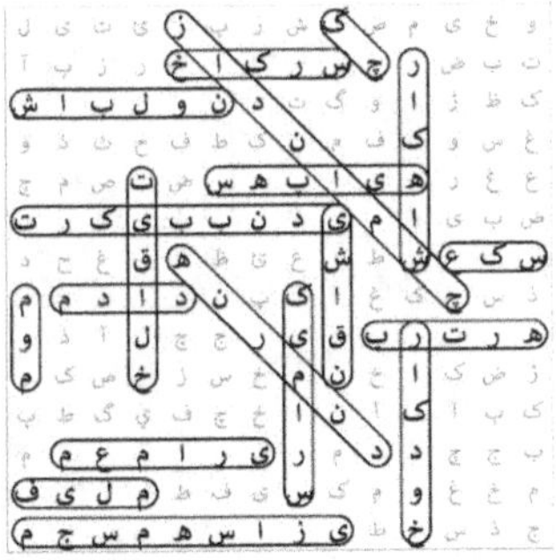

10 - Tempo

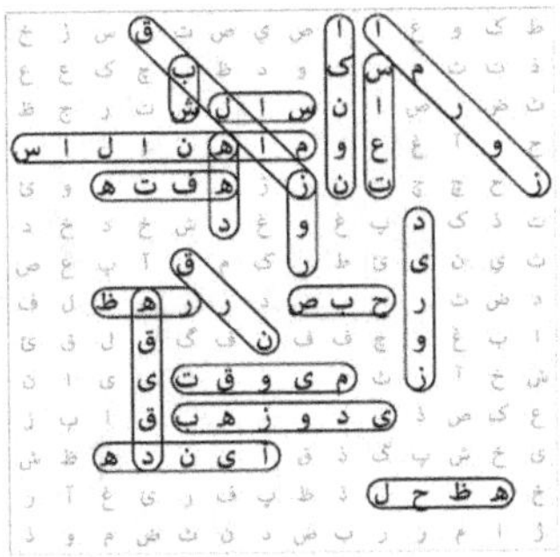

11 - Astronomia

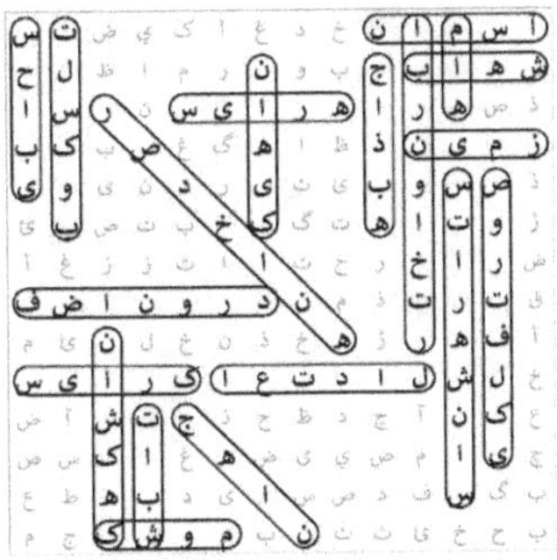

12 - Circo

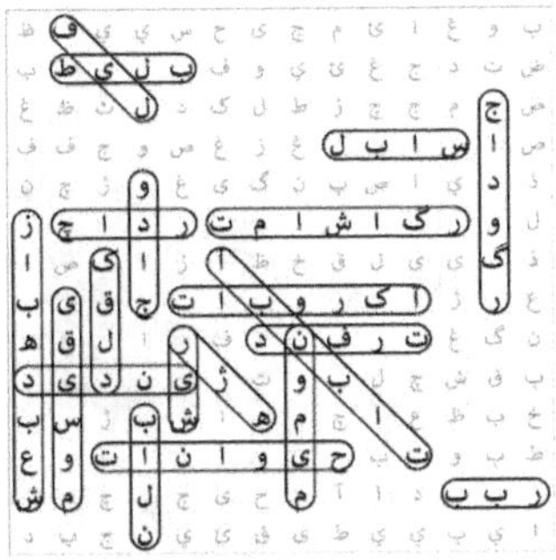

13 - Algebra

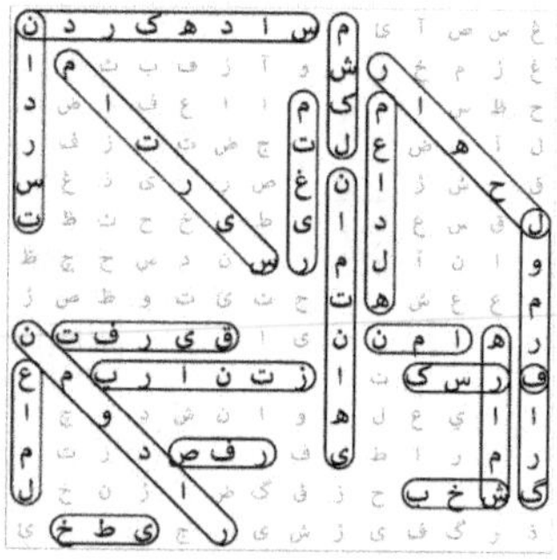

14 - Mitologia

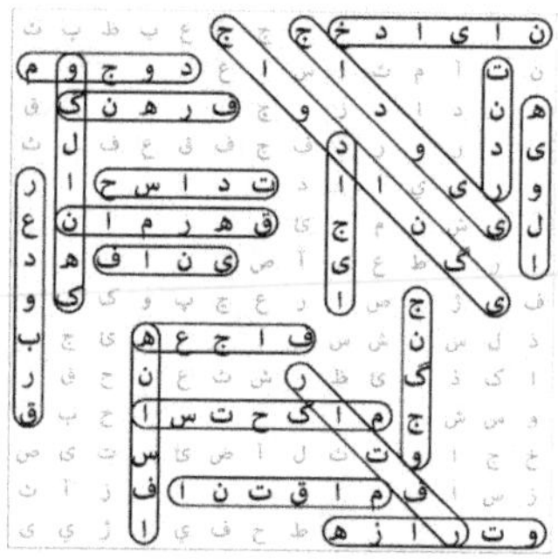

15 - Piante

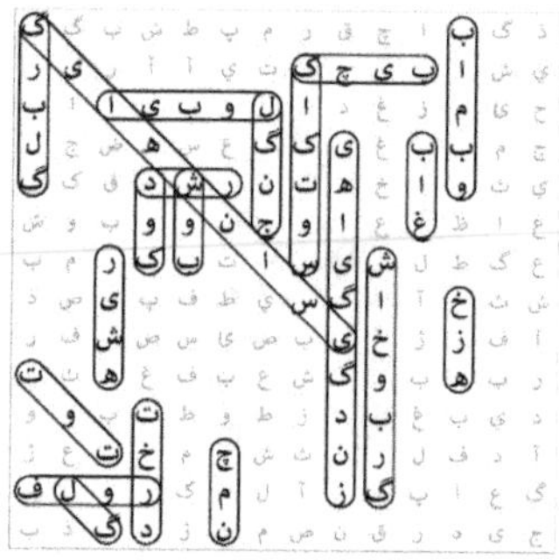

16 - Spezie

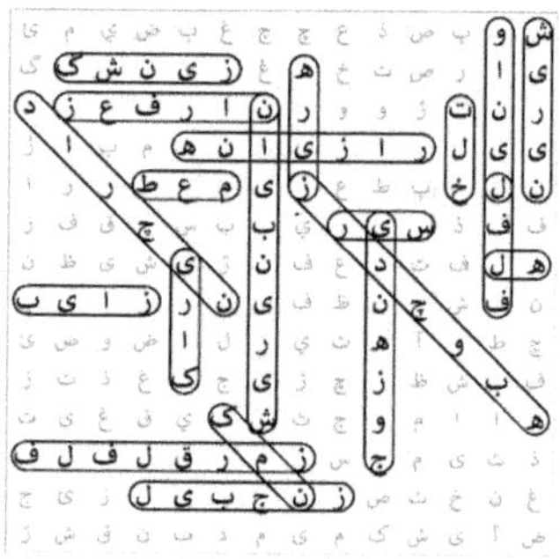

17 - Numeri

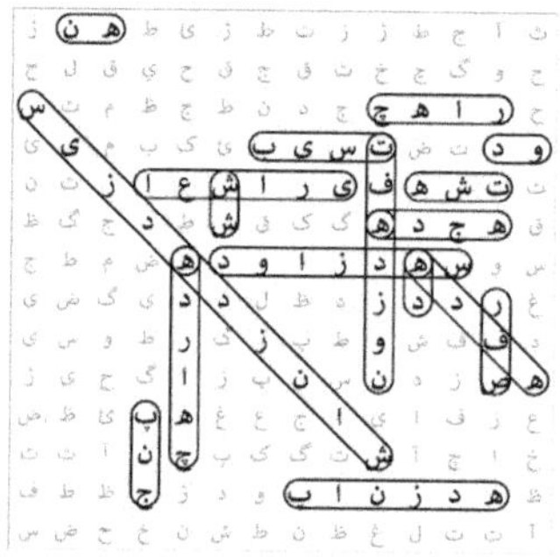

18 - Cioccolato

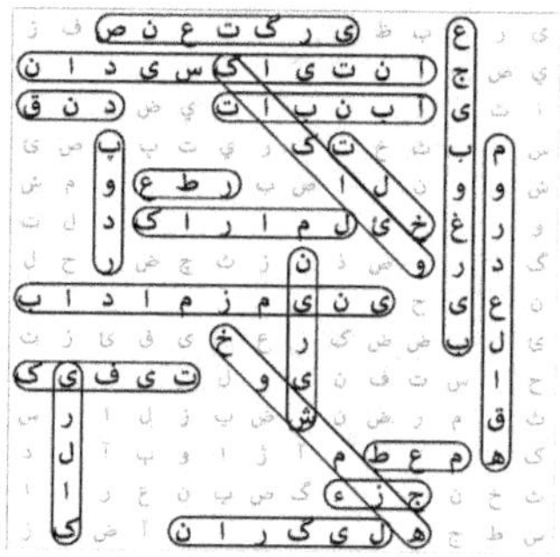

19 - Guida

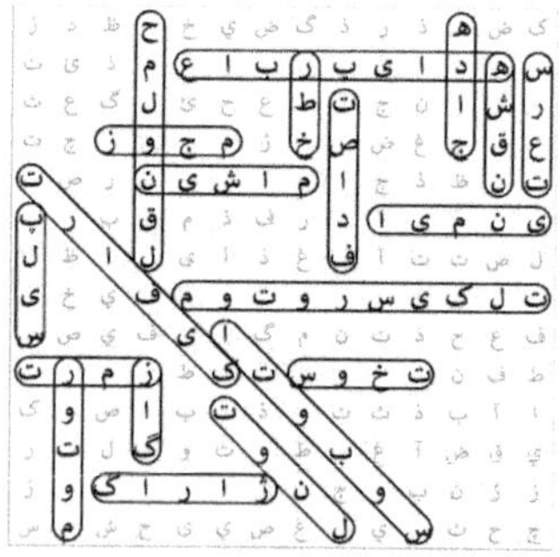

20 - I Media

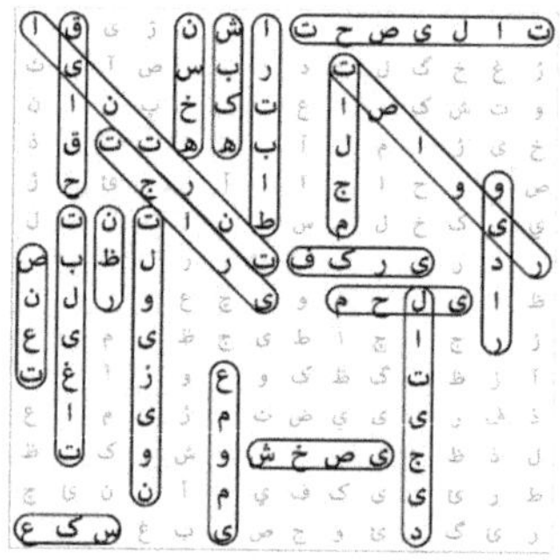

21 - Forza e Gravità

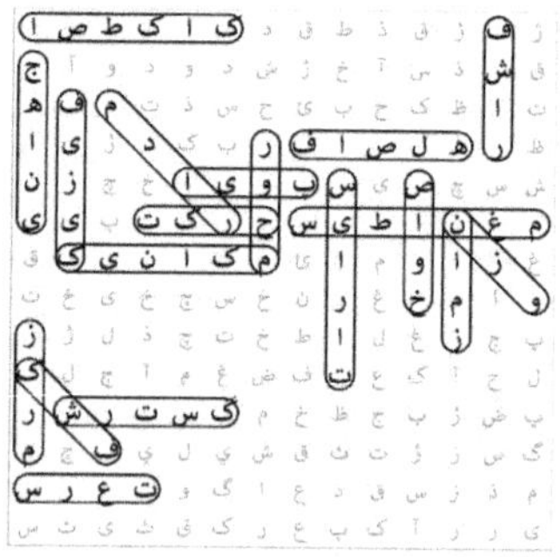

22 - Sport

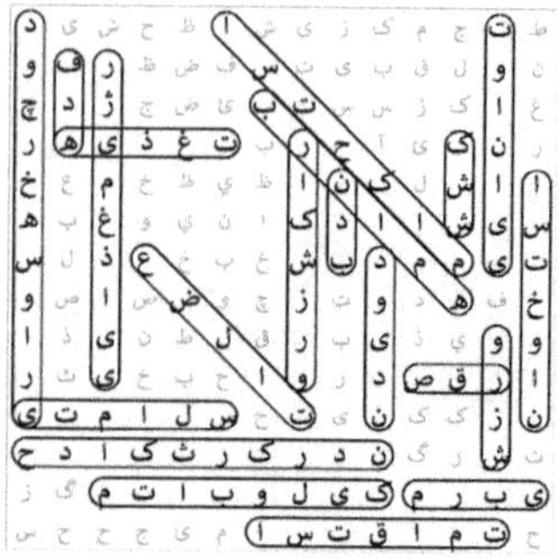

23 - Caffè

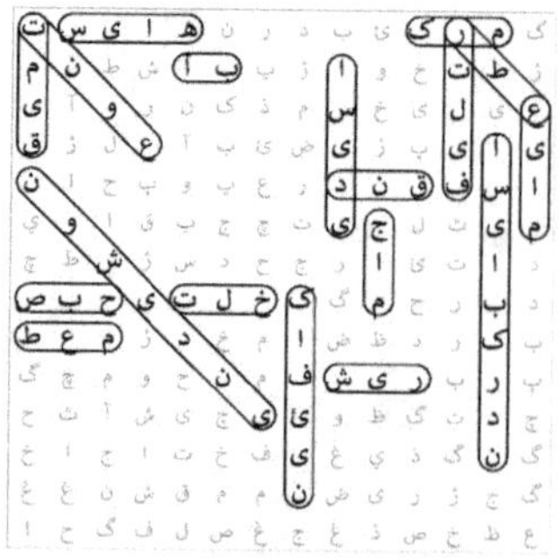

24 - Uccelli

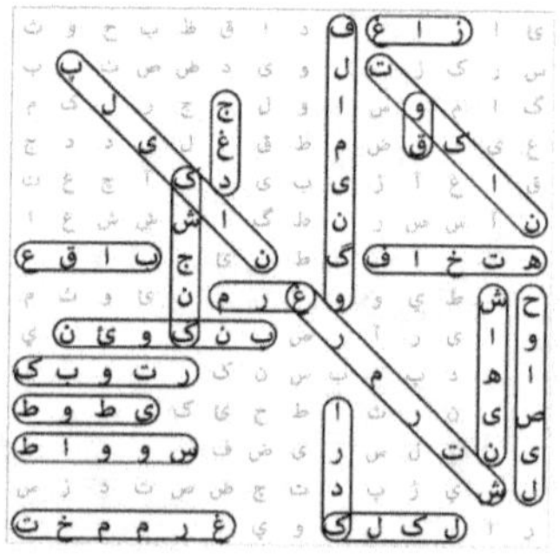

25 - Giorni e Mesi

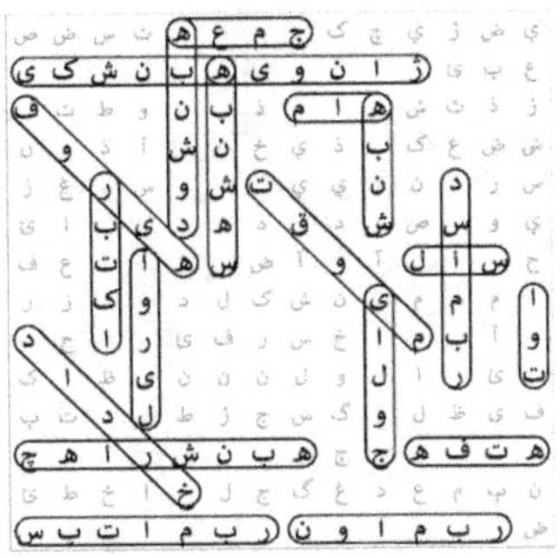

26 - Casa

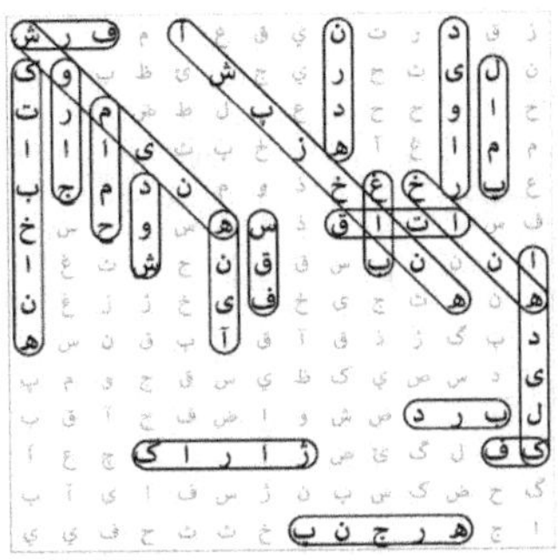

27 - Fantascienza

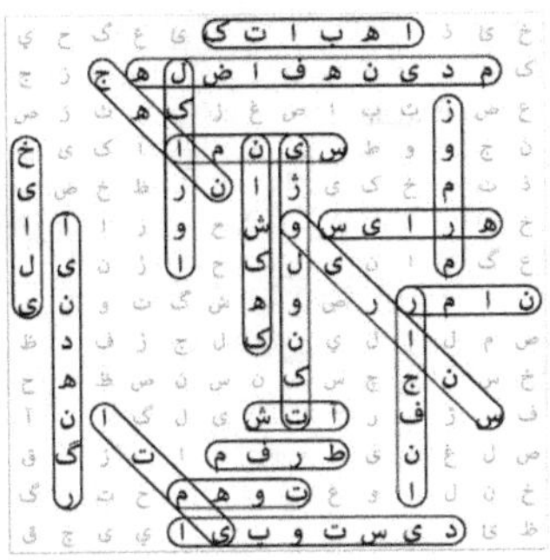

28 - Città

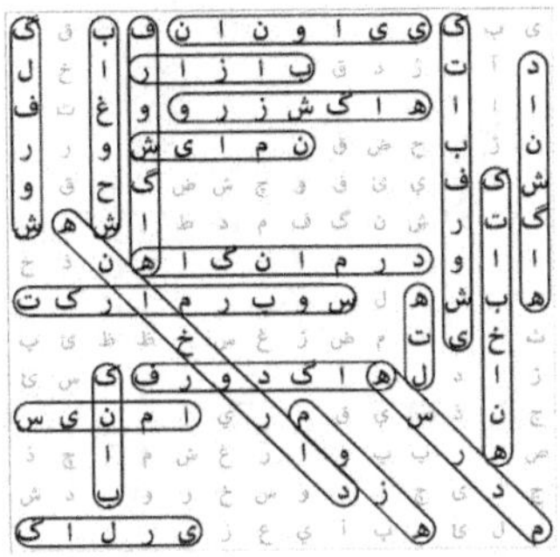

29 - Fattoria #1

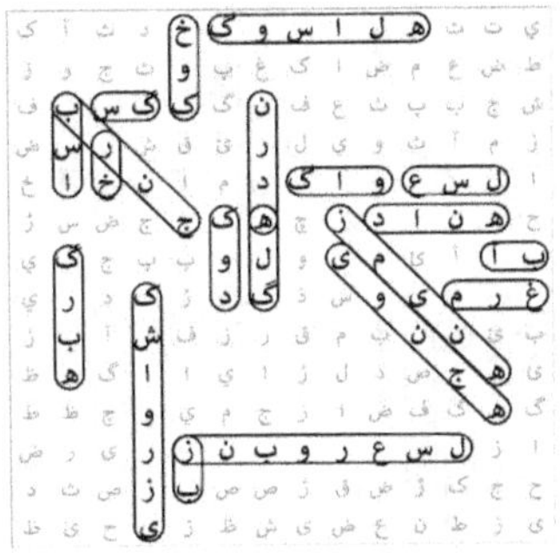

30 - Psicologia

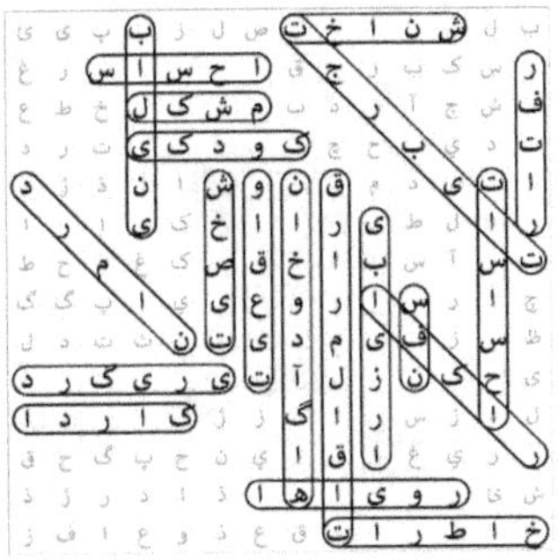

31 - Paesaggi

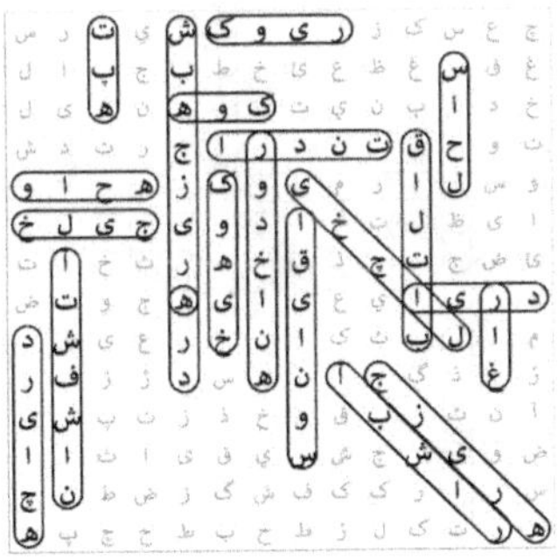

32 - Energia

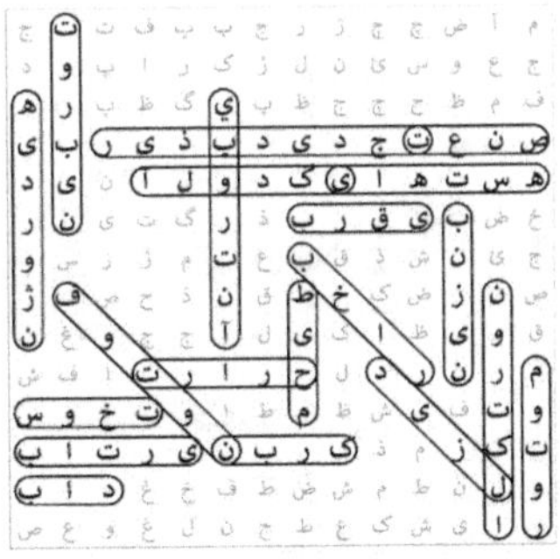

33 - Ristorante #2

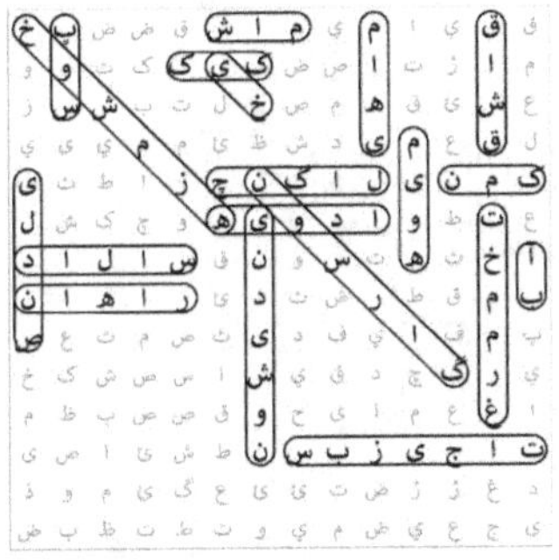

34 - Moda

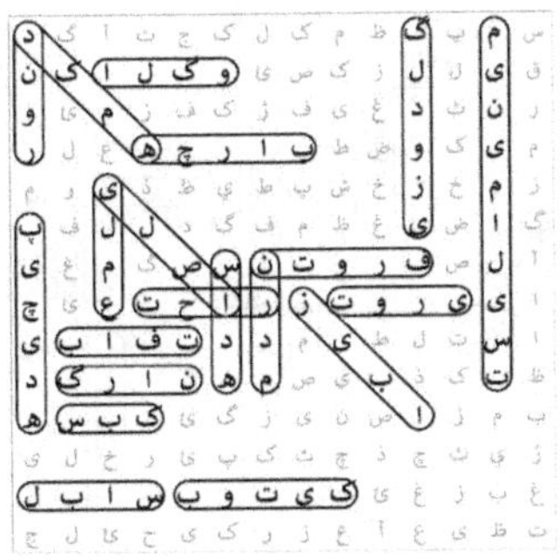

35 - L'Azienda

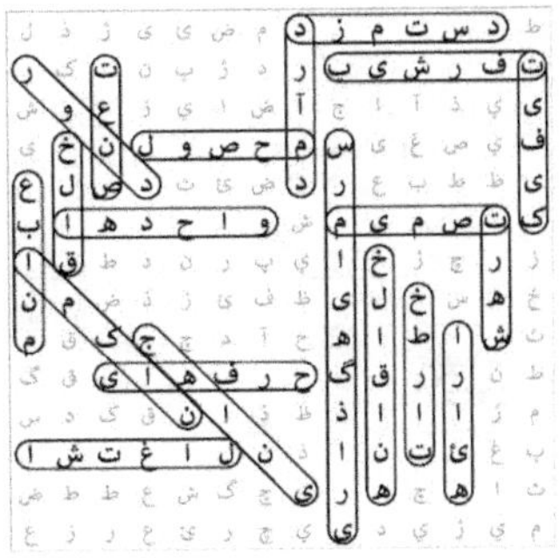

36 - Giardino

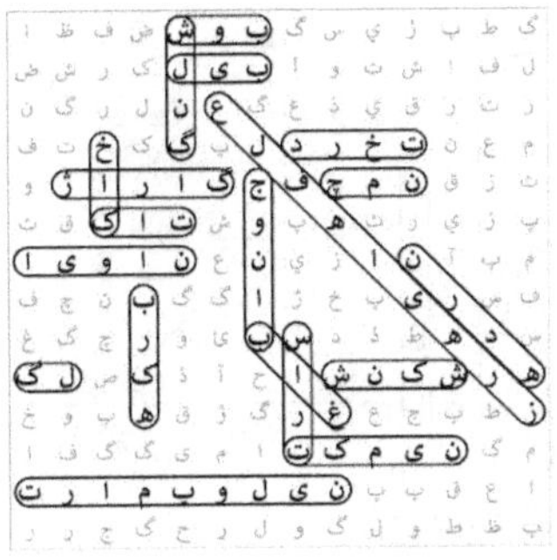

37 - Frutta

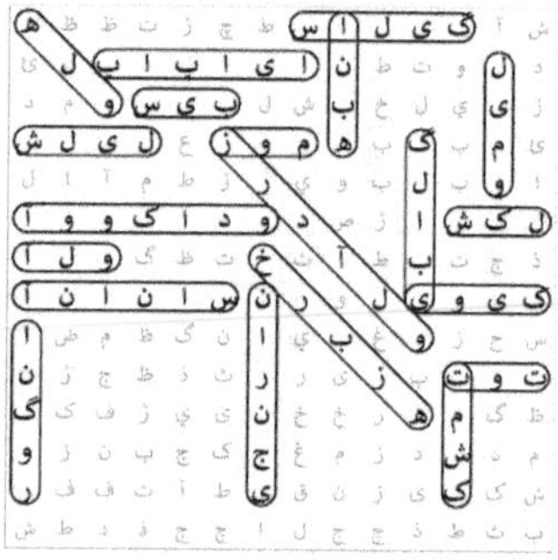

38 - Fattoria #2

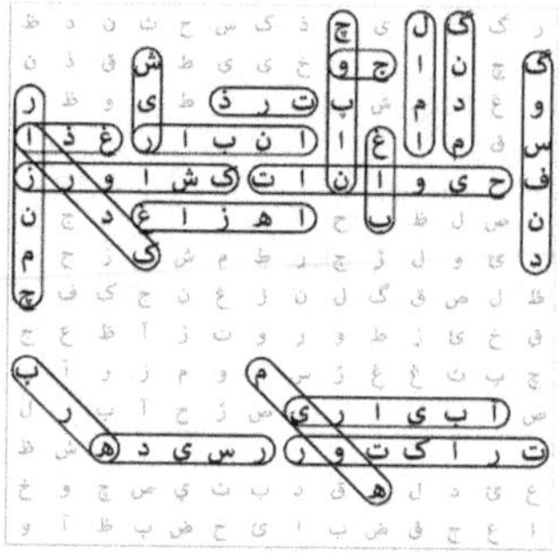

39 - Verdure

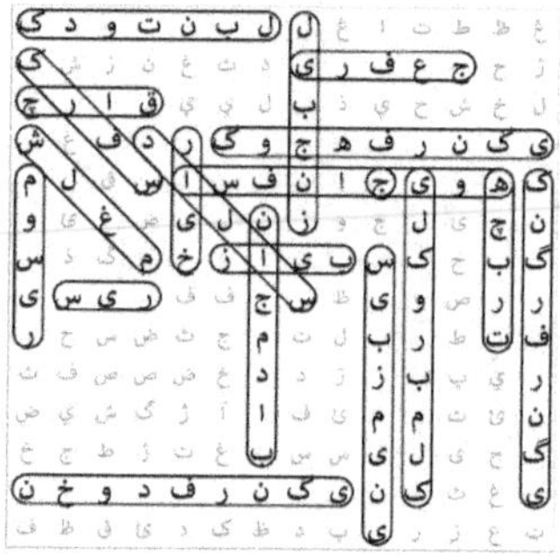

40 - Musica

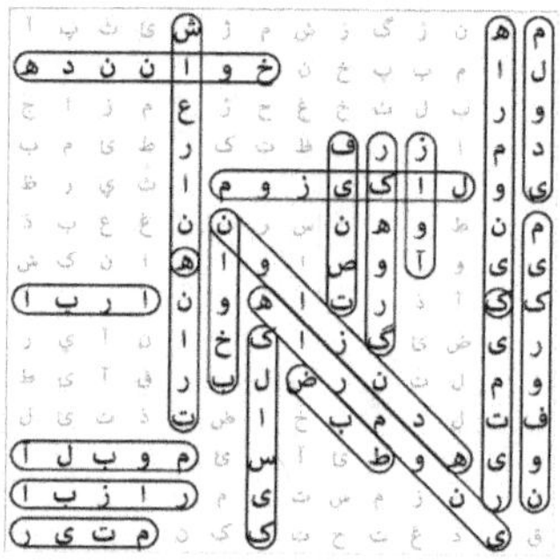

41 - Barbecue

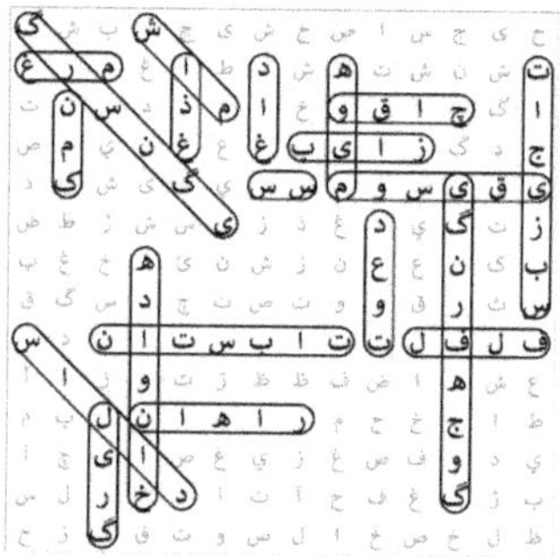

42 - Riempire

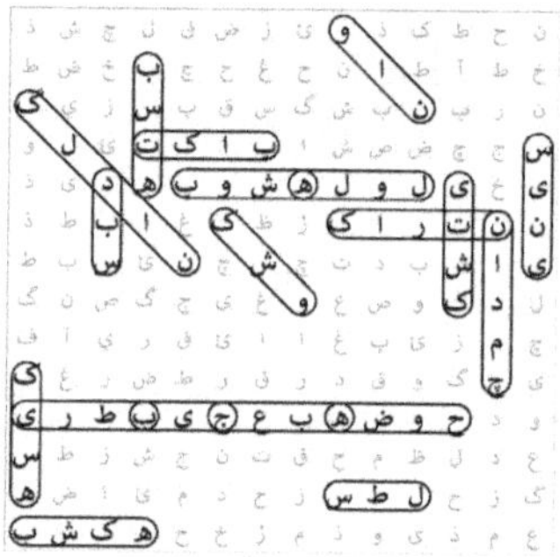

43 - Fisica

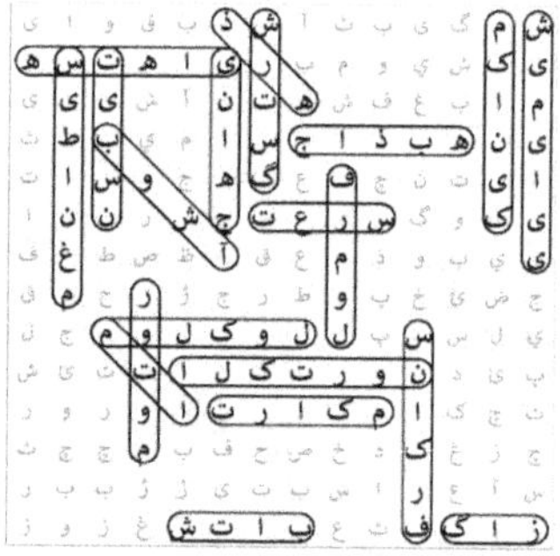

44 - Erboristeria

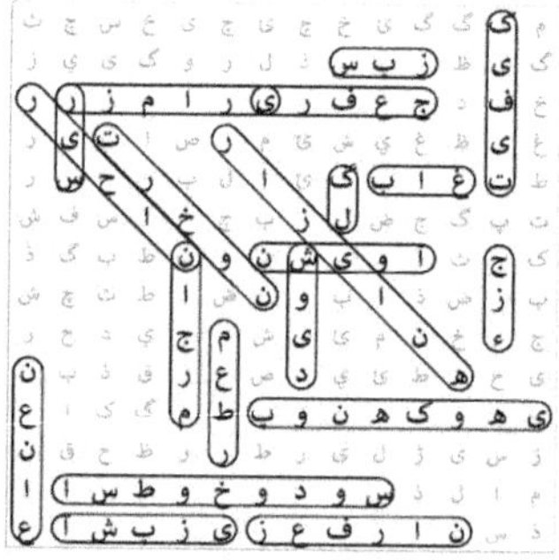

45 - Danza

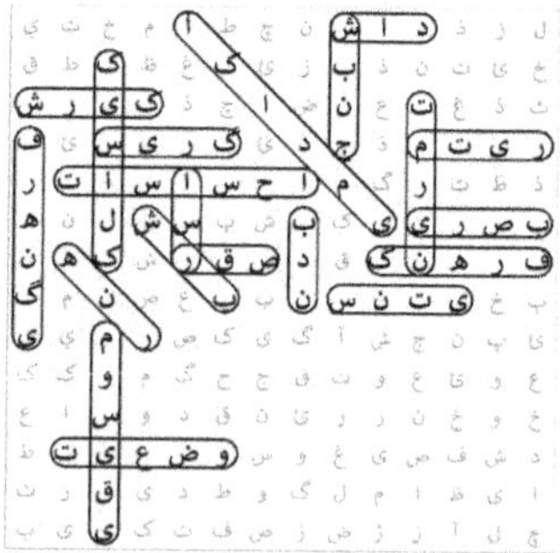

46 - Attività Commerciale

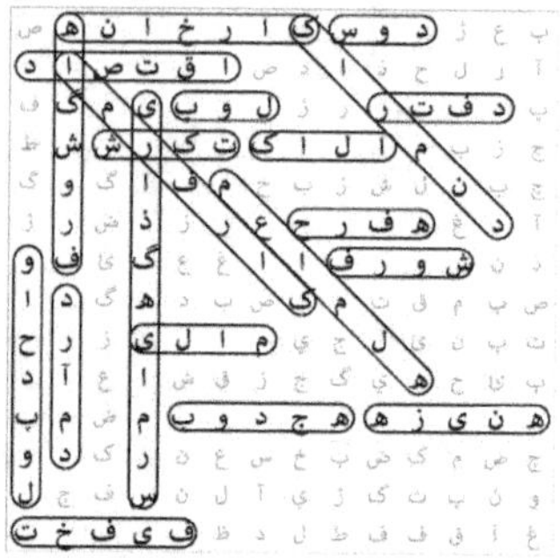

47 - Fiori

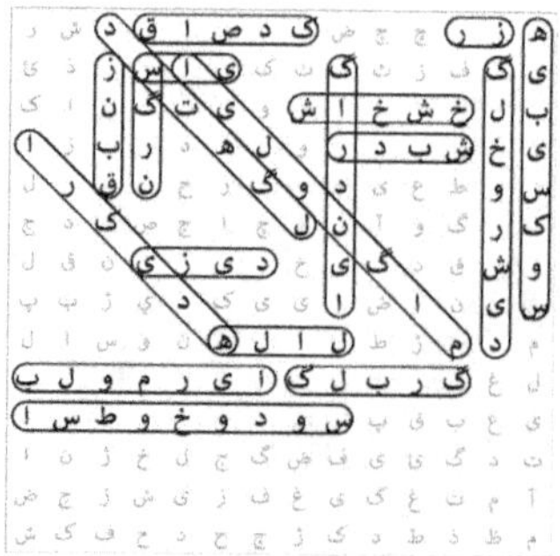

48 - Ecologia

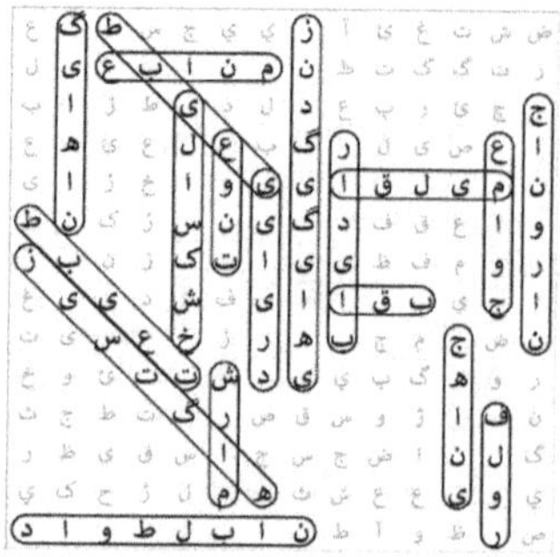

49 - Discipline Scientifiche

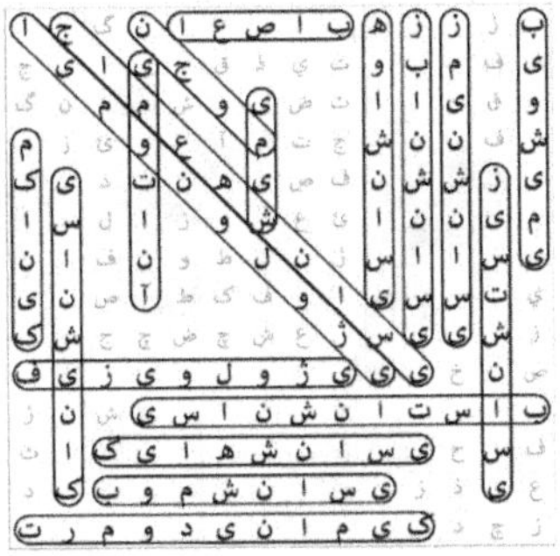

50 - Scienza

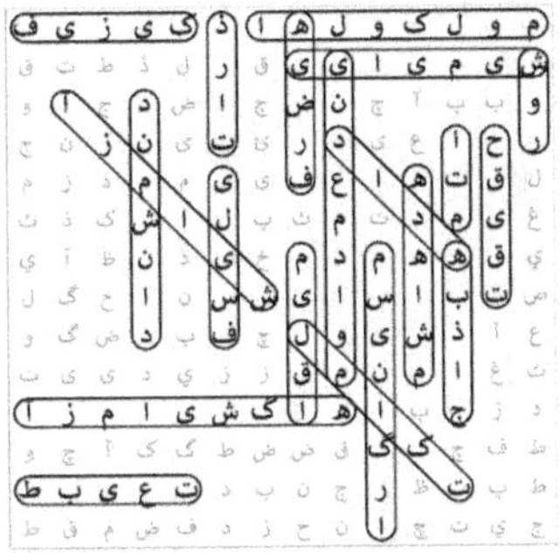

51 - Boxe

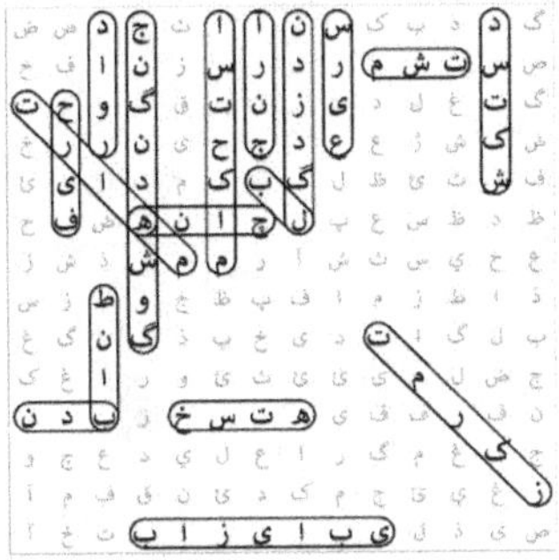

52 - Imbarcazioni

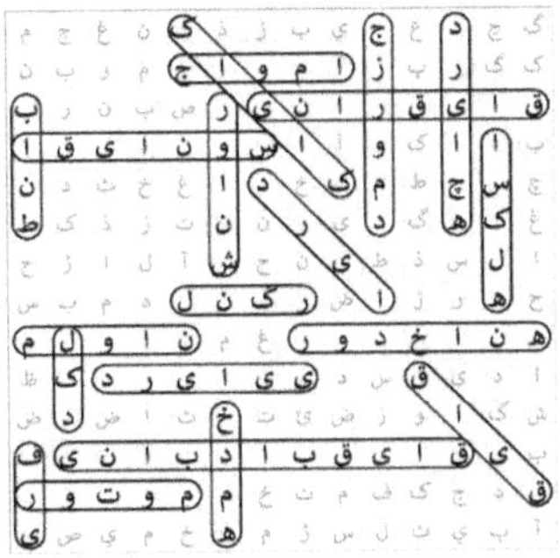

53 - Chimica

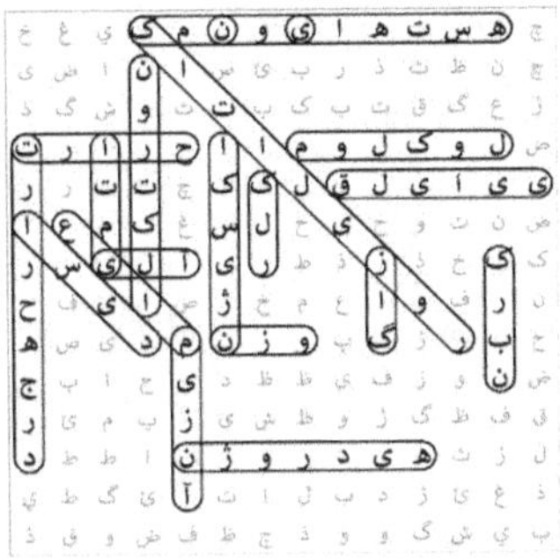

54 - Api

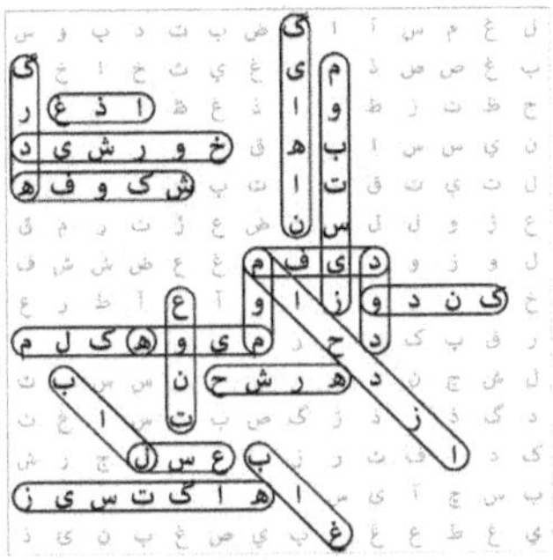

55 - Professioni #2

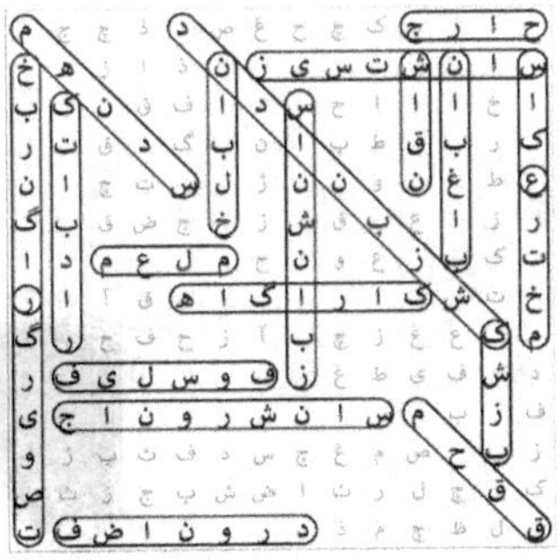

56 - Letteratura

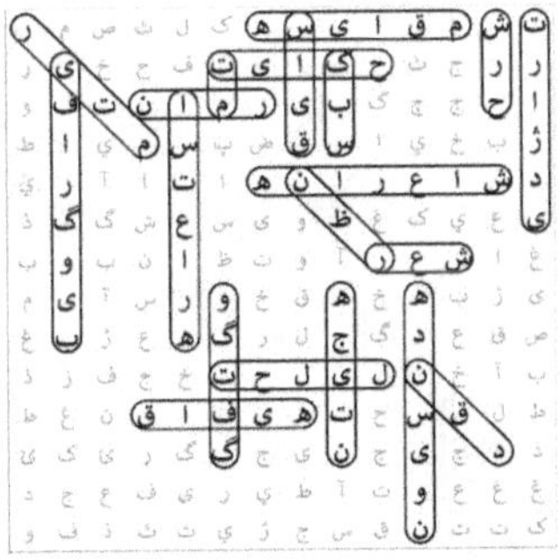

57 - Cibo #2

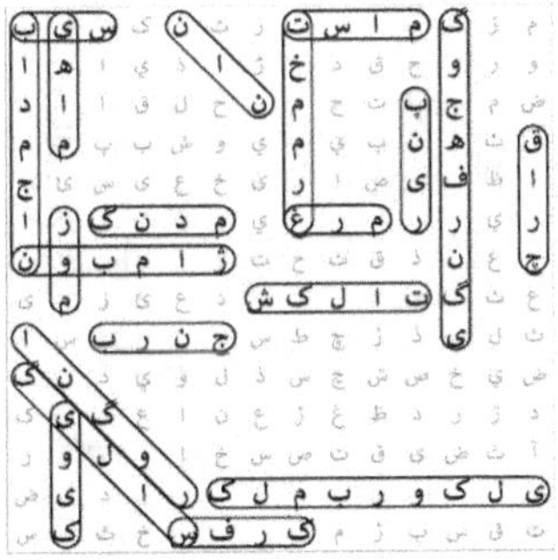

58 - Nutrizione

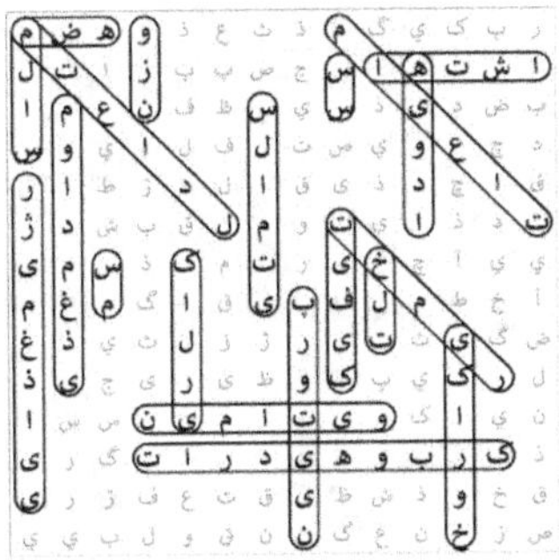

59 - Matematica

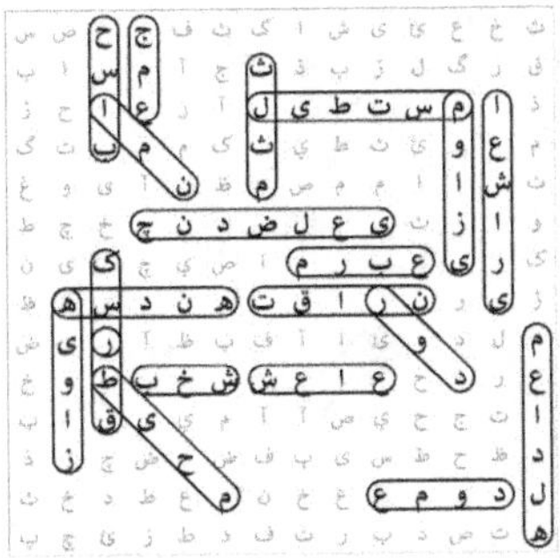

60 - Meditazione

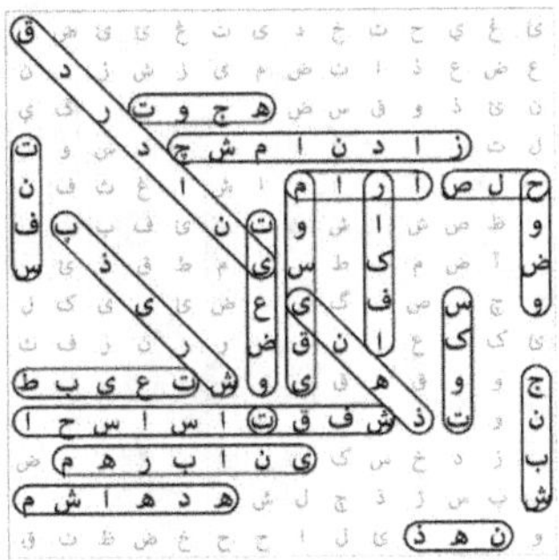

61 - Elettricità

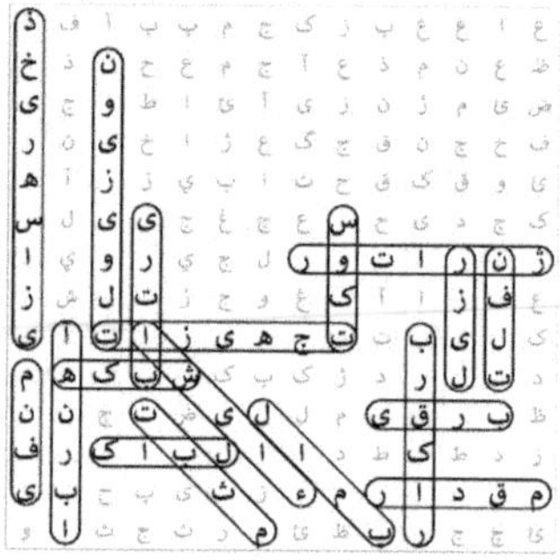

62 - Antiquariato

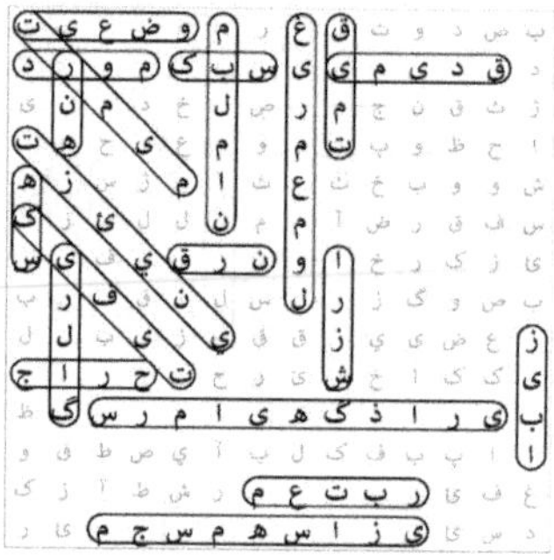

63 - Escursionismo

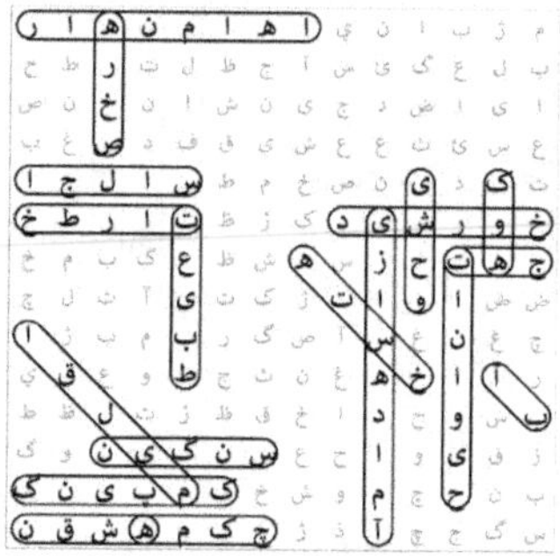

64 - Professioni #1

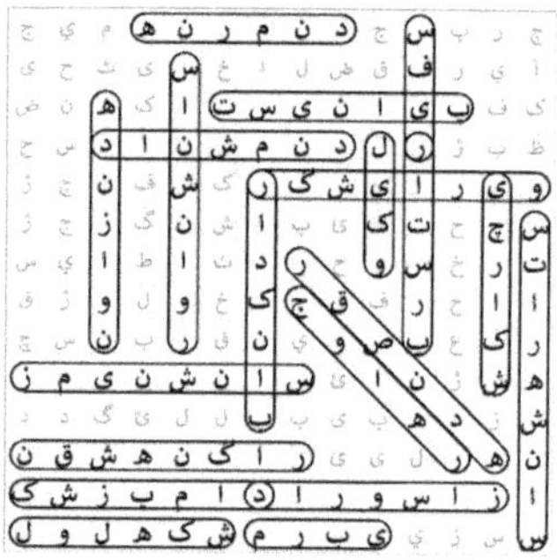

65 - Antartide

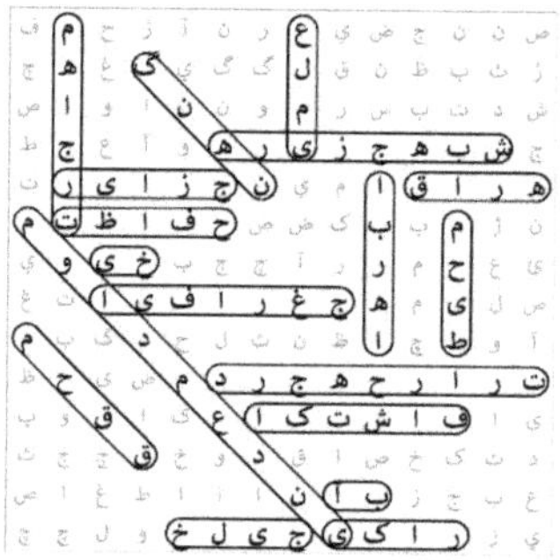

66 - Libri

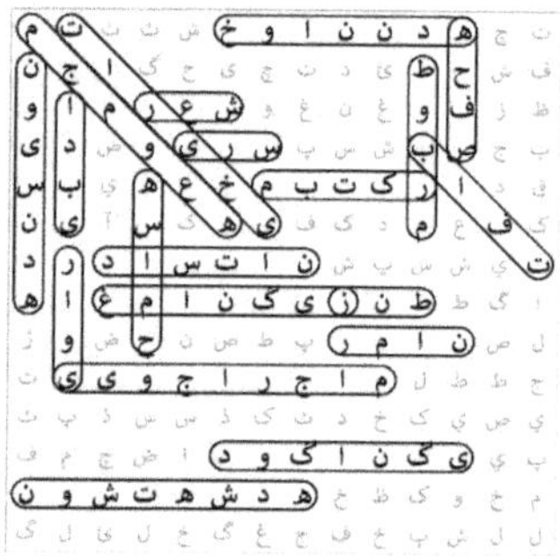

67 - Geografia

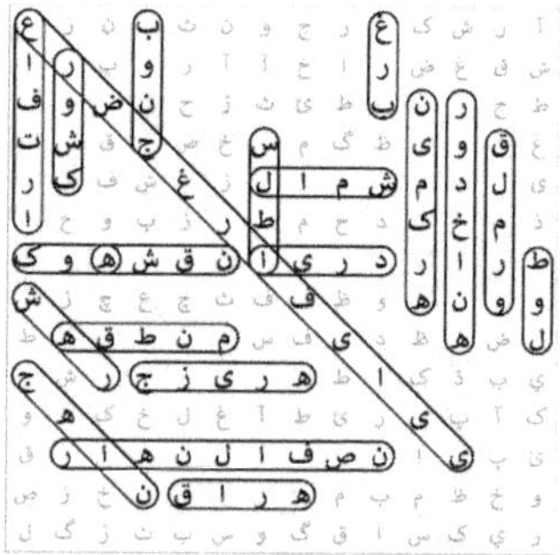

68 - Cibo #1

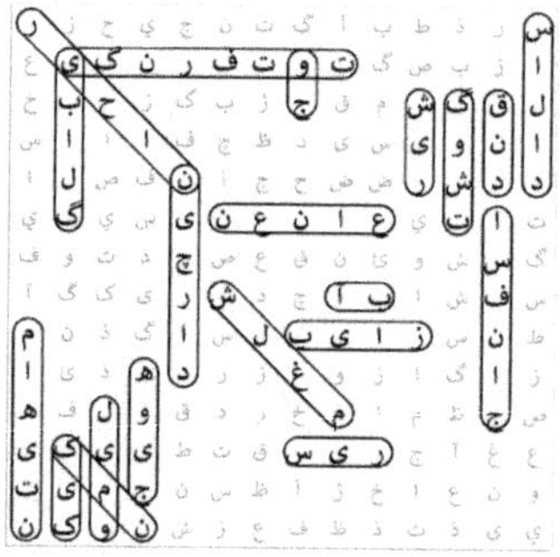

69 - Etica

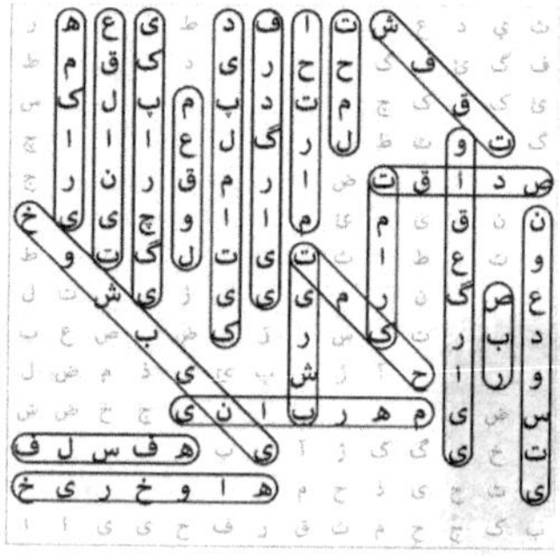

70 - Aeroplani

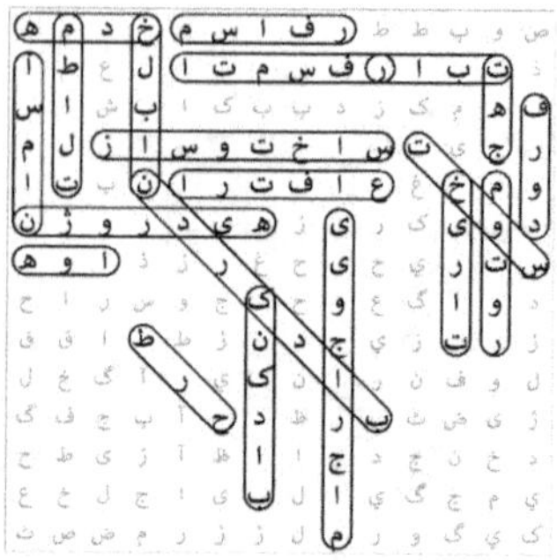

71 - Governo

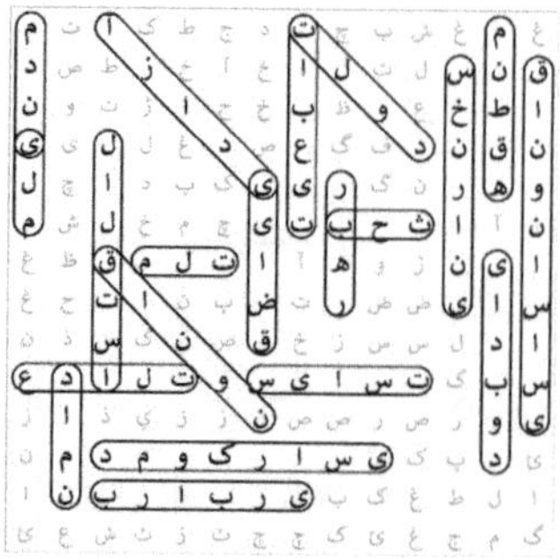

72 - Colori

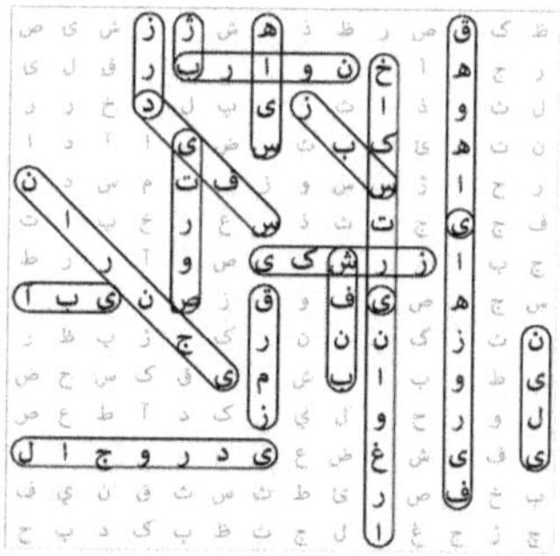

73 - Bellezza

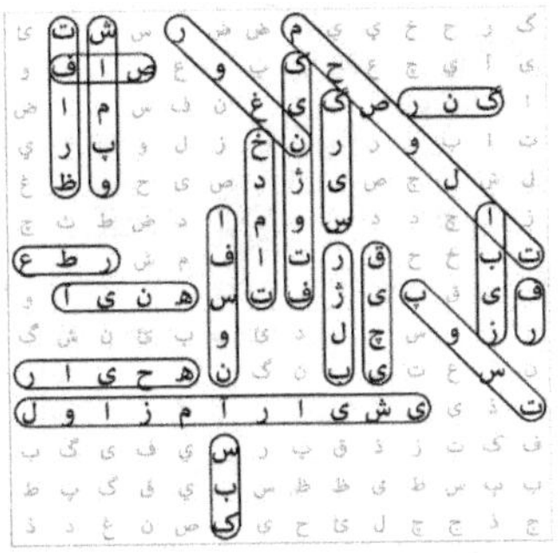

74 - Avventura

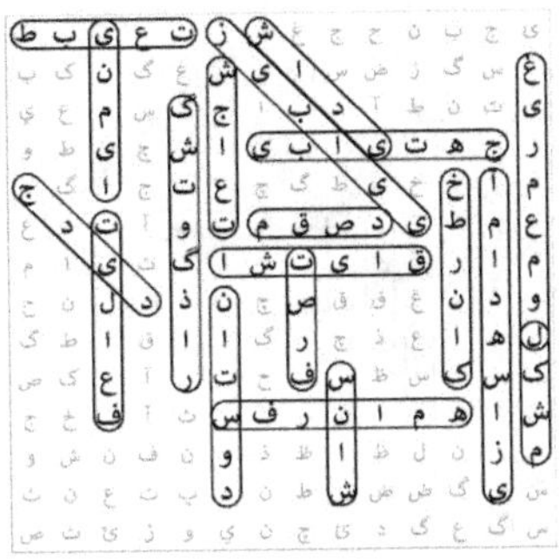

75 - Forme

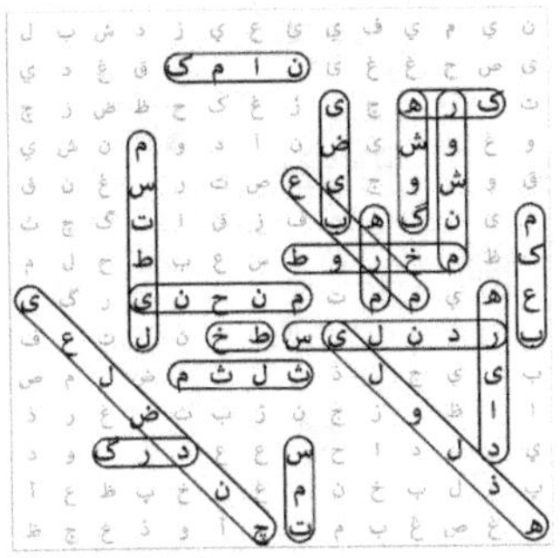

76 - Oceano

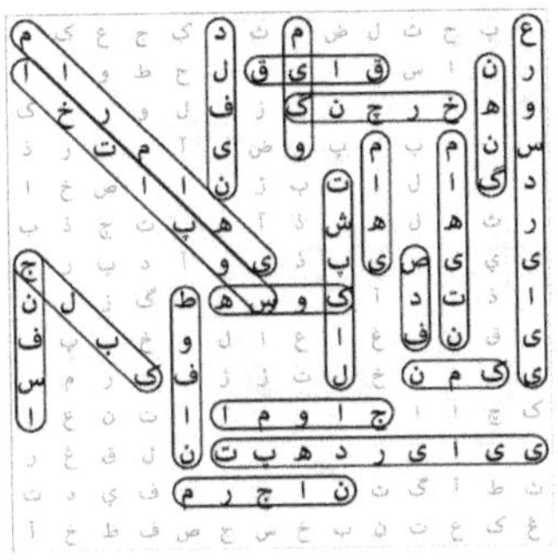

77 - Veicoli

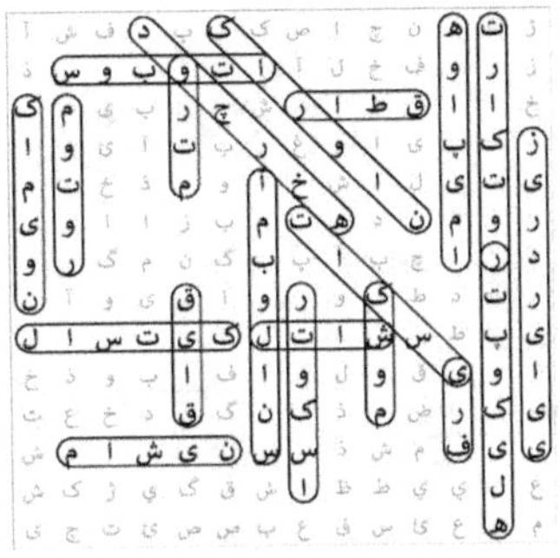

78 - Emozioni

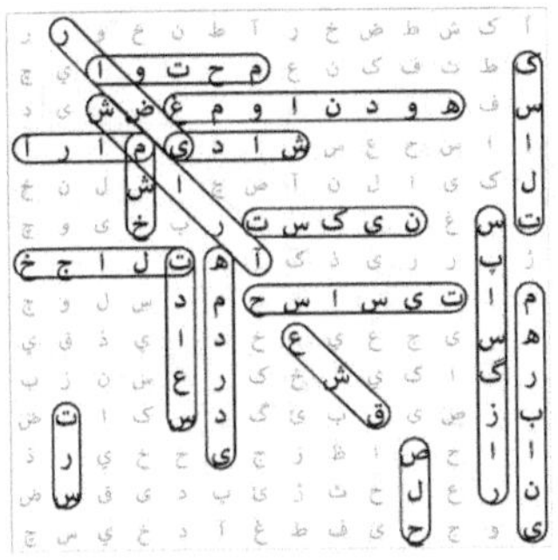

79 - Natura

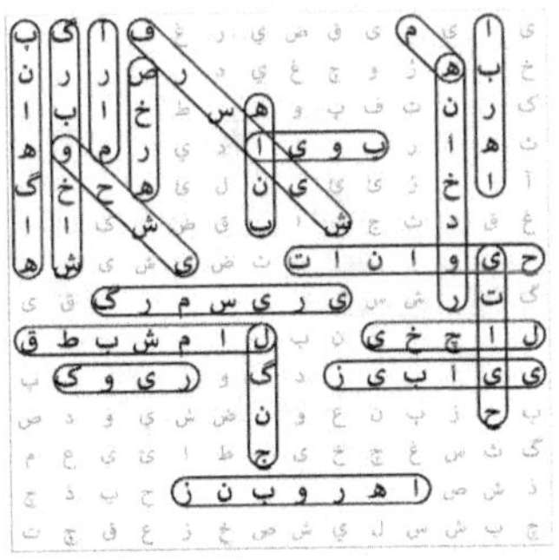

80 - Balletto

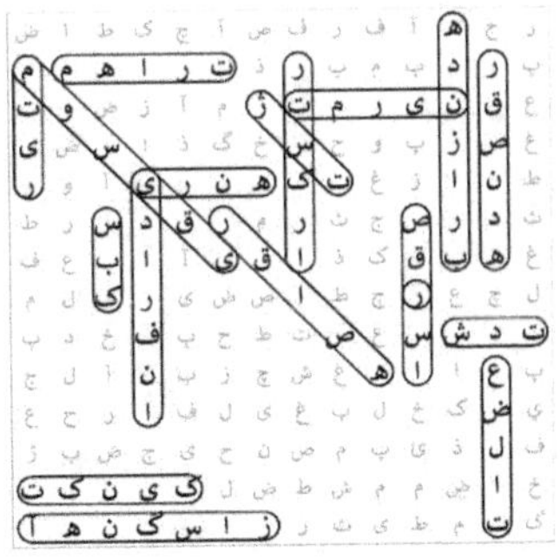

81 - Paesi #1

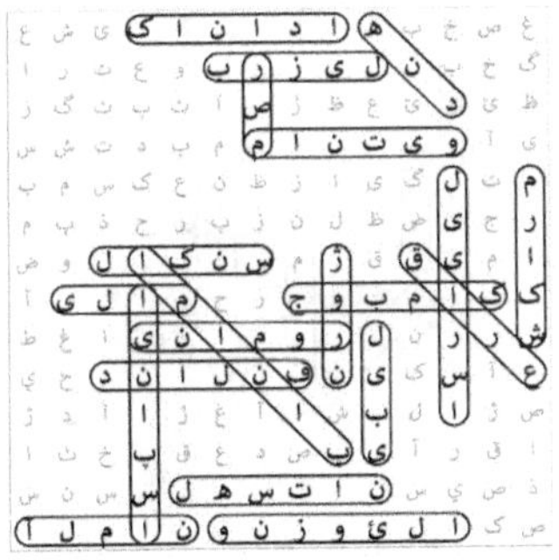

82 - Geometria

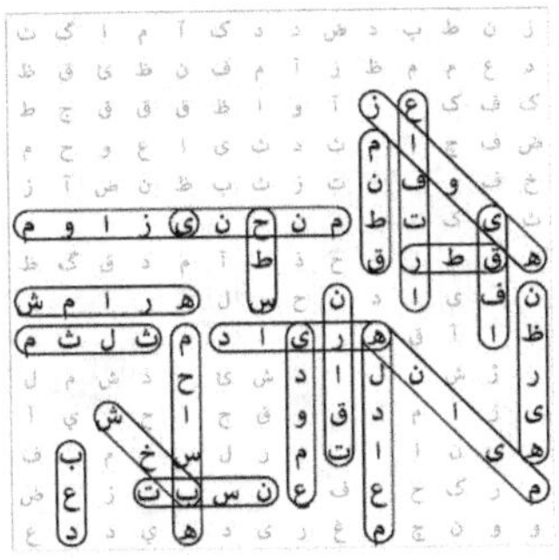

83 - Foresta Pluviale

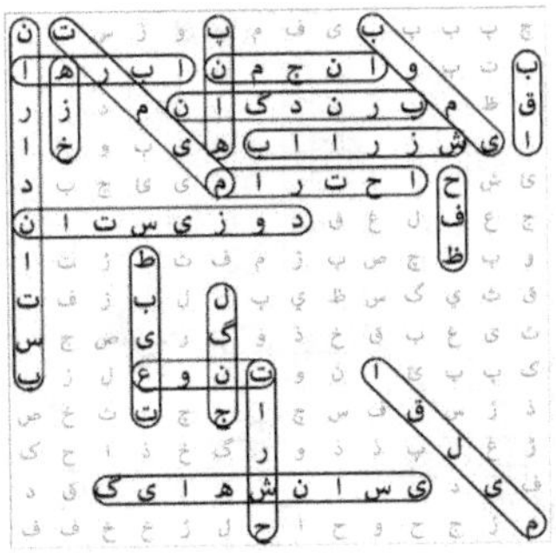

84 - Edifici

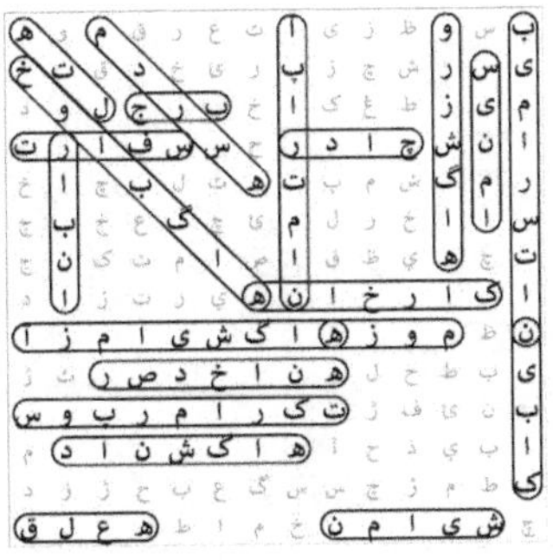

85 - Paesi #2

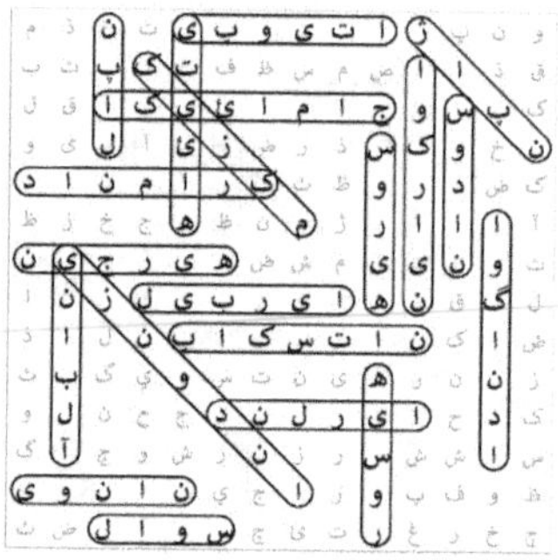

86 - Tipi di Capelli

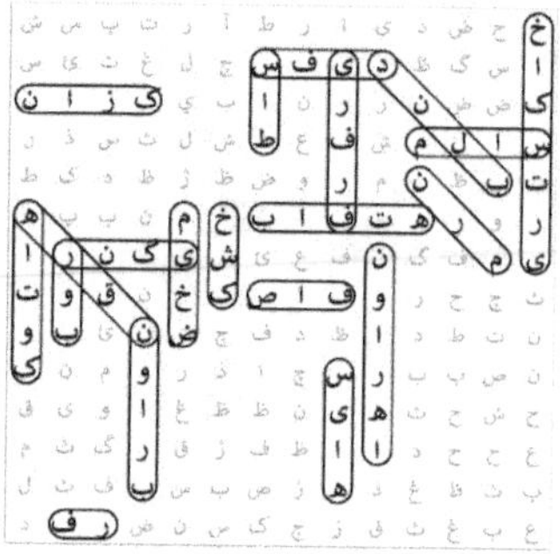

87 - Vestiti

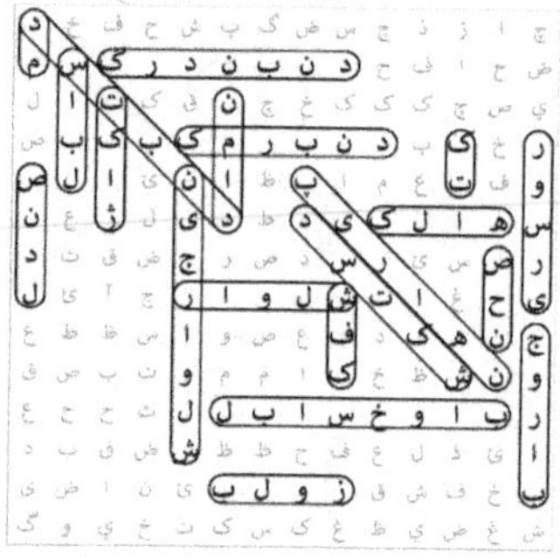

88 - Attività e Tempo Libero

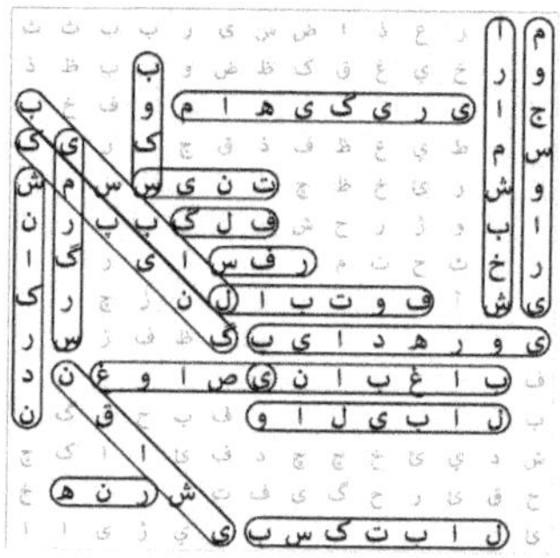

89 - Arte

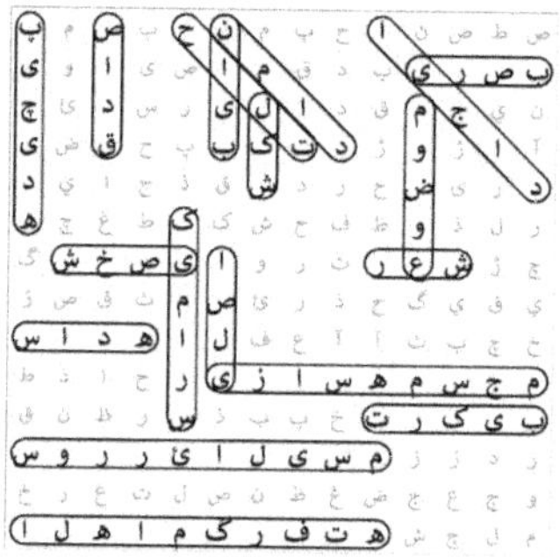

90 - Meteo

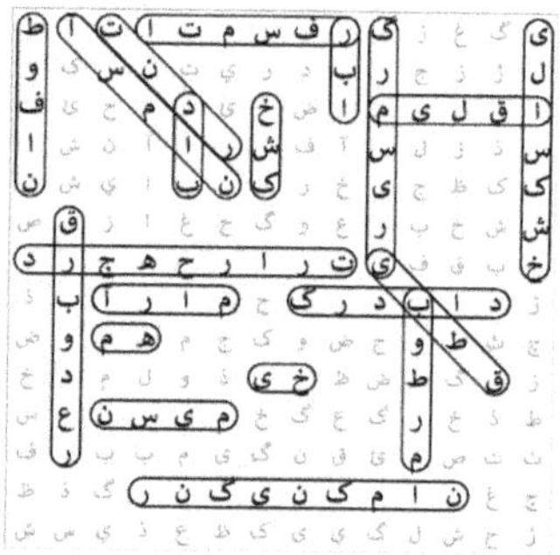

91 - Corpo Umano

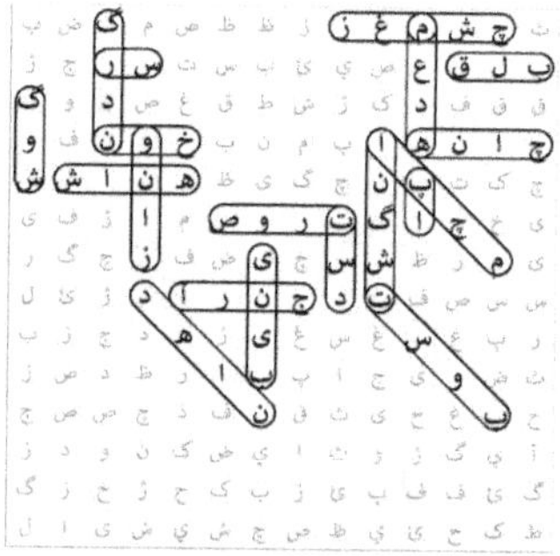

92 - Mammiferi

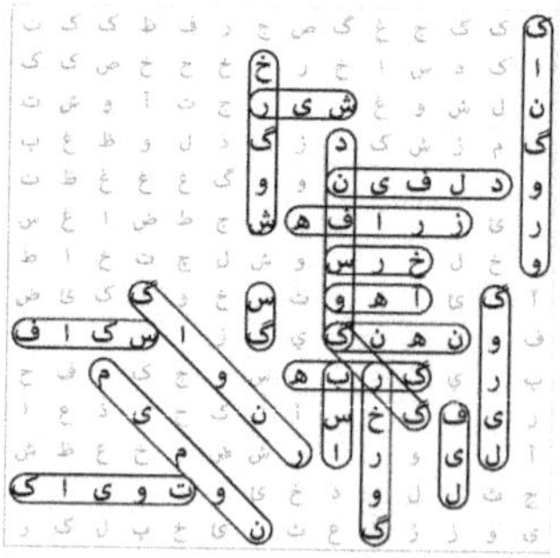

93 - Animali Domestici

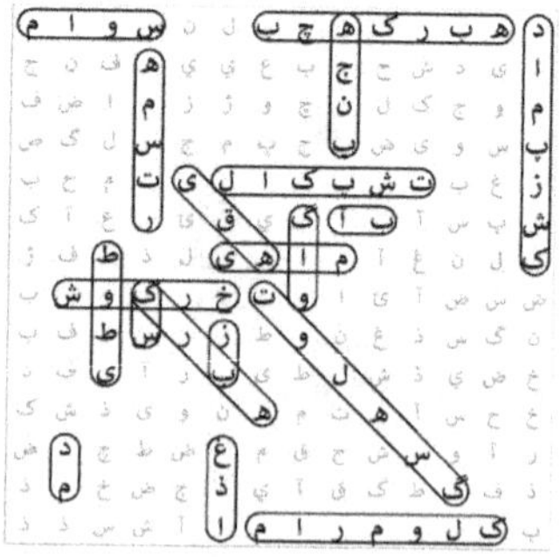

94 - Giardinaggio

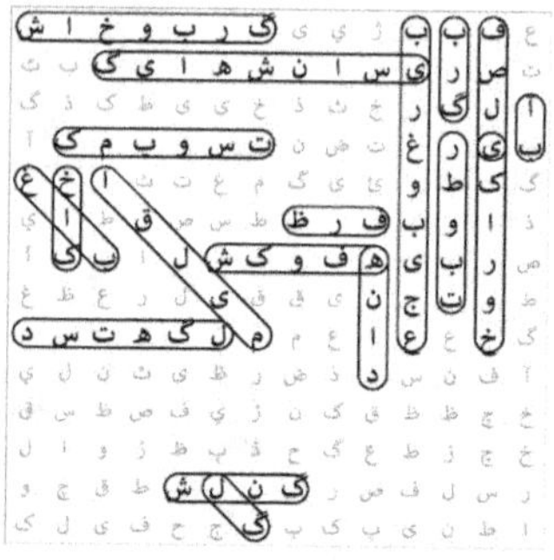

95 - Universo

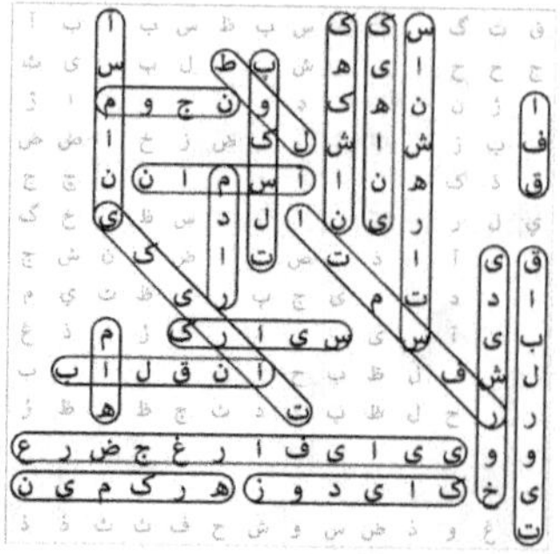

96 - Jazz

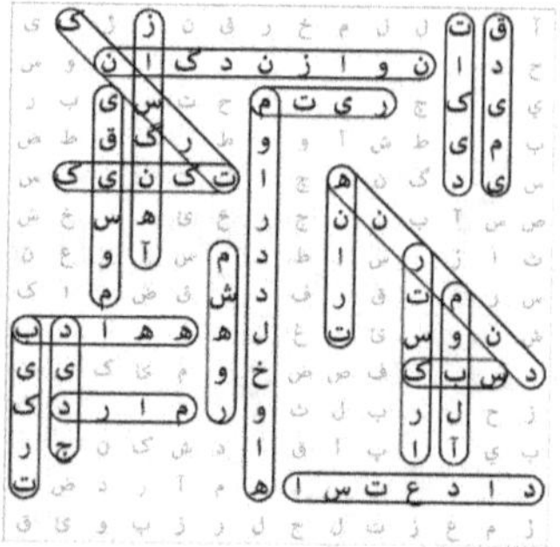

97 - Vacanze #2

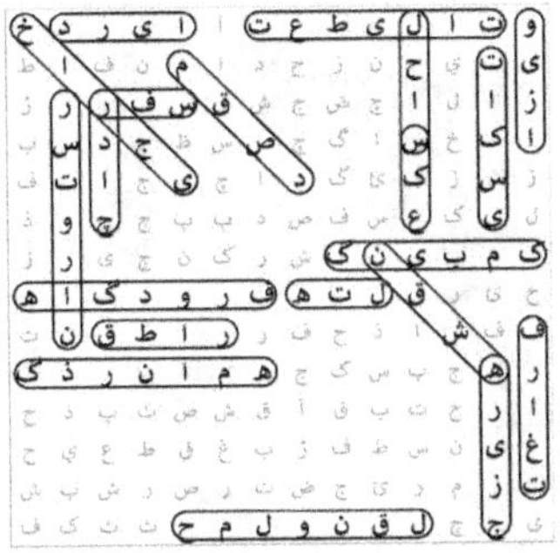

98 - Attività

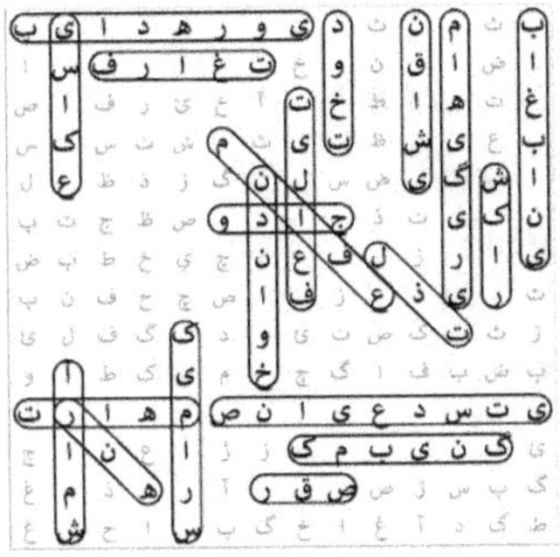

99 - Diplomazia

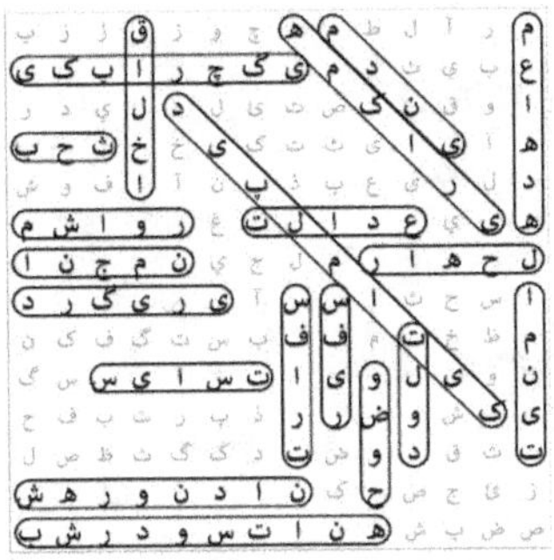

100 - Misurazioni

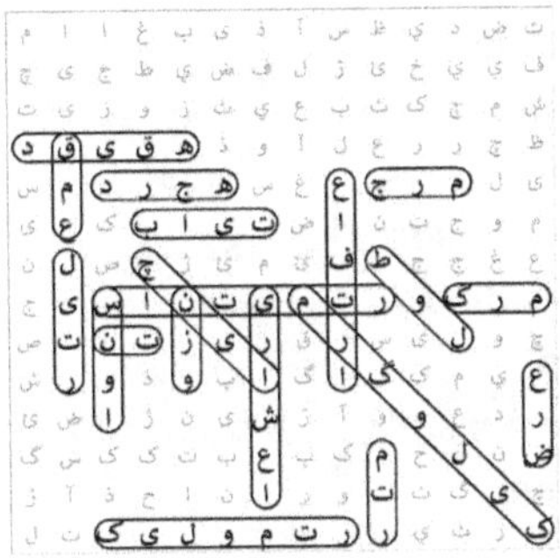

Dizionario

Aeroplani
اهامیپاوه

Altezza	عافترا
Aria	اوه
Atmosfera	رفسمتا
Atterraggio	دورف
Avventura	یوجارجام
Carburante	تخوس
Cielo	آسمان
Costruzione	زاس و تخاس
Design	حرط
Direzione	تهج
Discesa	رابت
Equipaggio	همدخ
Gonfiare	ندرک داب
Idrogeno	نژوردیه
Motore	روتوم
Palloncino	کنکداب
Passeggero	رفاسم
Pilota	نابلخ
Storia	خیرات
Turbolenza	مطالت

Aggettivi #1
تفص #1

Ambizioso	هاج بلط
Aromatico	رطعم
Artistico	یرنه
Assoluto	قلطم
Attivo	لاعف
Enorme	گرزب
Esotico	بیرغ و بیجع
Generoso	سخاوتمندانه
Giovane	جوان
Identico	یکسان
Importante	مهم
Lento	دنک
Lungo	دنلب
Moderno	نردم
Onesto	قداص
Perfetto	لماک
Pesante	سنگین
Prezioso	شزرا اب
Profondo	عمیق
Sottile	نازک

Aggettivi #2
تفص #2

Affamato	هنسرگ
Asciutto	کشخ
Autentico	ربتعم
Creativo	خالق
Descrittivo	یفیصوت
Dolce	شیرین
Drammatico	نمایشی
Elegante	زیبا
Famoso	روهشم
Forte	یوق
Interessante	تسه بلاج
Naturale	یعیبط
Normale	یداع
Nuovo	دیدج
Orgoglioso	رورغم
Produttivo	دلوم
Puro	صلاخ
Responsabile	لوئسم
Salato	روش
Sano	ملاس

Algebra
ربج

Diagramma	رادومن
Divisione	شخب
Equazione	هلداعم
Esponente	نما
Falso	تسردان
Fattore	لماع
Formula	لومرف
Frazione	رسک
Grafico	گراف
Infinito	یهانتمان
Lineare	یطخ
Matrice	سیرتام
Numero	هرامش
Parentesi	زتنارپ
Problema	لکشم
Semplificare	ندرک هداس
Soluzione	لح هار
Sottrazione	قیرفت
Variabile	ریغتم
Zero	رفص

Animali Domestici
حیوانات خانگی

Acqua	آب
Cane	گس
Capra	زب
Cibo	اذغ
Coda	مد
Collare	هقی
Coniglio	شوگرخ
Criceto	رتسمه
Cucciolo	گس هلوت
Gattino	هبرگ هچب
Gatto	هبرگ
Lucertola	کلومرام
Mucca	واگ
Pappagallo	یطوط
Pesce	یهام
Tartaruga	تشپ کالا
Topo	سوام
Veterinario	کشزپماد
Zampe	هجنپ

Antartide
بونج بطق

Acqua	آب
Ambiente	طیحم
Baia	جیلخ
Balene	هنگ
Conservazione	تظافح
Continente	هراق
Esplorazione	فاشتکا
Geografia	ایفارغج
Ghiaccio	خی
Isole	رایزج
Migrazione	ترجاهم
Minerali	یندعم داوم
Nuvole	اهربا
Penisola	هریزج هبش
Ricercatore	ققحم
Roccioso	یراخ
Scientifico	علمی
Spedizione	نشیدپسکا
Temperatura	ترارح هجرد
Topografia	یفارگوپوت

Antiquariato
عتیقه جات

Arte	رنه
Articolo	دروم
Asta	حارج
Autentico	معتبر
Condizione	وضعیت
Decorativo	تزئینی
Elegante	زیبا
Galleria	گالری
Insolito	غیر معمول
Investimento	سرمایه گذاری
Mobilio	مبلمان
Monete	سکه
Prezzo	قیمت
Qualità	کیفیت
Restauro	ترمیم
Scultura	مجسمه سازی
Secolo	قرن
Stile	سبک
Valore	ارزش
Vecchio	قدیمی

Api
زنبورها

Ali	بال
Alveare	کندو
Benefico	مفید
Cera	موم
Cibo	غذا
Diversità	تنوع
Ecosistema	اکو سیستم
Fiorire	شکوفه
Frutta	میوه
Fumo	دود
Giardino	باغ
Habitat	زیستگاه
Insetto	حشره
Miele	عسل
Piante	گیاهان
Polline	گرده
Regina	ملکه
Sciame	ازدحام
Sole	خورشید

Archeologia
باستان شناسی

Analisi	تحلیل
Antichità	باستان
Civiltà	تمدن
Dimenticato	فراموش شده
Discendente	نسل
Era	دوران
Esperto	کارشناس
Fossile	فسیلی
Frammenti	قطعات
Mistero	راز و رمز
Oggetti	اشیاء
Ossa	استخوان
Professore	استاد
Reliquia	عتیقه
Ricercatore	محقق
Sconosciuto	ناشناخته
Squadra	تیم
Tempio	معبد
Tomba	مقبره
Valutazione	ارزیابی

Arte
هنر

Ceramica	سرامیک
Complesso	پیچیده
Composizione	ترکیب
Creare	ایجاد
Espressione	بیان
Figura	شکل
Ispirato	الهام گرفته
Onesto	صادق
Originale	اصلی
Personale	شخصی
Poesia	شعر
Scultura	مجسمه سازی
Semplice	ساده
Simbolo	نماد
Soggetto	موضوع
Surrealismo	سوررئالیسم
Umore	حالت
Visivo	بصری

Arti Visive
هنرهای تجسمی

Architettura	معماری
Argilla	خاک رس
Artista	هنرمند
Capolavoro	شاهکار
Cavalletto	سه پایه
Cera	موم
Ceramica	سرامیک
Composizione	ترکیب بندی
Creatività	خلاقیت
Film	فیلم
Fotografia	عکس
Gesso	گچ
Matita	مداد
Penna	خودکار
Pittura	نقاشی
Prospettiva	چشم انداز
Ritratto	پرتره
Scultura	مجسمه سازی
Stampino	شابلون

Astronomia
اخترشناسی

Asteroide	سیارک
Astronauta	فضانورد
Astronomo	ستاره شناس
Cielo	آسمان
Cosmo	کیهان
Costellazione	صورت فلکی
Equinozio	اعتدال
Galassia	کهکشان
Gravità	جاذبه
Luna	ماه
Meteora	شهاب
Nebulosa	سحابی
Osservatorio	رصدخانه
Pianeta	سیاره
Radiazione	تابش
Razzo	موشک
Supernova	ابرنواختر
Telescopio	تلسکوپ
Terra	زمین
Universo	جهان

Attività
فعالیت اه

Abilità	تراهم
Arte	رنه
Artigianato	صنایع دستی
Attività	فعالیت
Caccia	راکش
Campeggio	کمپینگ
Ceramica	کیمارس
Cucire	تخود
Danza	صقر
Escursioni	پیاده روی
Fotografia	عکاسی
Giardinaggio	باغبانی
Interessi	منافع
Lettura	خواندن
Magia	جادو
Pesca	ماهیگیری
Piacere	لذت
Pittura	نقاشی
Rilassamento	آرامش
Tempo Libero	فراغت

Attività Commerciale
کسب و کار

Bilancio	بودجه
Carriera	حرفه
Costo	هزینه
Datore di Lavoro	کارفرما
Dipendente	کارمند
Economia	اقتصاد
Fabbrica	کارخانه
Finanza	مالی
Investimento	سرمایه گذاری
Merce	کالا
Negozio	فروشگاه
Profitto	سود
Reddito	درآمد
Sconto	تخفیف
Società	شرکت
Soldi	پول
Transazione	معامله
Ufficio	دفتر
Valuta	واحد پول
Vendita	فروش

Attività e Tempo Libero
فعالیت ها و اوقات فراغت

Arte	هنر
Baseball	بیسبال
Basket	بسکتبال
Boxe	بوکس
Calcio	فوتبال
Campeggio	کمپینگ
Escursioni	پیاده روی
Giardinaggio	باغبانی
Golf	گلف
Hobby	سرگرمی
Immersione	غواصی
Nuoto	شنا کردن
Pallavolo	والیبال
Pesca	ماهیگیری
Pittura	نقاشی
Rilassante	آرامش بخش
Surf	موج سواری
Tennis	تنیس
Viaggio	سفر

Avventura
ماجراجویی

Amici	دوستان
Attività	فعالیت
Bellezza	زیبایی
Caso	شانس
Coraggio	شجاعت
Destinazione	مقصد
Difficoltà	مشکل
Entusiasmo	اشتیاق
Escursione	گشت و گذار
Gioia	شادی
Insolito	غیر معمول
Itinerario	سفرنامه
Natura	طبیعت
Navigazione	جهت یابی
Nuovo	جدید
Opportunità	فرصت
Pericoloso	خطرناک
Preparazione	آماده سازی
Sicurezza	ایمنی

Balletto
باله

Abilità	مهارت
Artistico	هنری
Assolo	انفرادی
Ballerina	رقاصه
Ballerini	رقصنده
Compositore	آهنگساز
Coreografia	رقص
Espressivo	رسا
Gesto	ژست
Grazioso	برازنده
Intensità	شدت
Muscoli	عضلات
Musica	موسیقی
Orchestra	ارکستر
Pratica	تمرین
Ritmo	ریتم
Stile	سبک
Tecnica	تکنیک

Barbecue
کباب کردن

Caldo	داغ
Cena	شام
Cibo	غذا
Cipolle	پیاز
Coltelli	چاقو
Estate	تابستان
Fame	گرسنگی
Famiglia	خانواده
Frutta	میوه
Griglia	گریل
Insalate	سالاد
Invito	دعوت
Musica	موسیقی
Pepe	فلفل
Pollo	مرغ
Pomodori	گوجه فرنگی
Pranzo	ناهار
Sale	نمک
Salsa	سس
Verdure	سبزیجات

Bellezza
زیبایی

Colore	گنر
Cosmetici	لوازم آرایشی
Elegante	زیبا
Eleganza	ظرافت
Fascino	افسون
Forbici	قیچی
Fotogenico	فتوژنیک
Fragranza	عطر
Grazia	سیرگ
Liscio	صاف
Oli	روغن
Pelle	پوست
Prodotti	محصوالت
Profumo	رایحه
Riccioli	فر
Rossetto	رژ لب
Servizi	خدمات
Shampoo	شامپو
Specchio	آینه
Stilista	سبک

Boxe
مشت زنی

Abilità	مهارت
Angolo	گوشه
Arbitro	داور
Avversario	حریف
Calcio	لگد زدن
Campana	لب
Combattente	جنگنده
Corde	طناب
Corpo	بدن
Esaurito	خسته
Forza	استحکام
Fuoco	تمرکز
Gomito	آرنج
Guanti	دستکش
Mento	چانه
Pugno	مشت
Rapido	سریع
Recupero	بازیابی

Caffè
قهوه

Acido	اسیدی
Acqua	آب
Amaro	تلخ
Aroma	عطر
Bevanda	نوشیدنی
Caffeina	کافئین
Crema	کرم
Filtro	فیلتر
Gusto	طعم
Latte	شیر
Liquido	مایع
Macinare	آسیاب کردن
Mattina	صبح
Nero	سیاه
Prezzo	قیمت
Tazza	جام
Varietà	تنوع
Zucchero	قند

Campeggio
چادر زدن

Alberi	درختان
Amaca	بانوج
Animali	حیوانات
Avventura	ماجراجویی
Bussola	قطب نما
Cabina	کابین
Caccia	شکار
Canoa	قایق رانی
Cappello	کلاه
Corda	طناب
Divertimento	سرگرم کننده
Foresta	جنگل
Fuoco	آتش
Insetto	حشره
Lago	دریاچه
Luna	ماه
Mappa	نقشه
Montagna	کوه
Natura	طبیعت
Tenda	چادر

Casa
خانه

Bagno	حمام
Biblioteca	کتابخانه
Camera	اتاق
Camino	شومینه
Casa	خانه
Chiavi	کلیدها
Cucina	آشپزخانه
Doccia	دوش
Finestra	پنجره
Garage	گاراژ
Giardino	باغ
Lampada	لامپ
Parete	دیوار
Pavimento	کف
Porta	درب
Recinto	نرده
Scopa	جارو
Specchio	آینه
Tappeto	فرش
Tetto	سقف

Chimica
شیمی

Acido	اسید
Alcalino	قلیایی
Atomico	اتمی
Calore	حرارت
Carbonio	کربن
Catalizzatore	کاتالیزور
Cloro	کلر
Elettrone	الکترون
Enzima	آنزیم
Gas	گاز
Idrogeno	هیدروژن
Ione	یون
Liquido	مایع
Molecola	مولکول
Nucleare	هسته ای
Organico	آلی
Ossigeno	اکسیژن
Peso	وزن
Sale	نمک
Temperatura	درجه حرارت

Cibo #1
غذا #1

Aglio	ریس
Basilico	ریحان
Cannella	دارچین
Carne	گوشت
Carota	هویج
Cipolla	پیاز
Fragola	توت فرنگی
Insalata	سالاد
Latte	شیر
Limone	لیمو
Menta	نعناع
Orzo	جو
Pera	گلابی
Rapa	شلغم
Sale	نمک
Spinaci	اسفناج
Succo	آب
Tonno	تن ماهی
Torta	کیک
Zucchero	قند

Cibo #2
غذا #2

Banana	موز
Broccoli	کلم بروکلی
Ciliegia	گیلاس
Cioccolato	شکلات
Formaggio	پنیر
Fungo	قارچ
Grano	گندم
Kiwi	کیوی
Mela	سیب
Melanzana	بادمجان
Pane	نان
Pesce	ماهی
Pollo	مرغ
Pomodoro	گوجه فرنگی
Prosciutto	ژامبون
Riso	برنج
Sedano	کرفس
Uovo	تخم مرغ
Uva	انگور
Yogurt	ماست

Cioccolato
شکلات

Amaro	تلخ
Antiossidante	آنتی اکسیدان
Arachidi	بادام زمینی
Aroma	عطر
Artigianale	صنعتگری
Cacao	کاکائو
Calorie	کالری
Caramella	آب نبات
Caramello	کارامل
Delizioso	خوشمزه
Dolce	شیرین
Esotico	عجیب و غریب
Gusto	طعم
Ingrediente	جزء
Noce di Cocco	نارگیل
Polvere	پودر
Preferito	مورد علاقه
Qualità	کیفیت
Zucchero	قند

Circo
سیرک

Acrobata	آکروبات
Animali	حیوانات
Biglietto	بلیط
Caramella	آب نبات
Clown	دلقک
Costume	لباس
Elefante	فیل
Giocoliere	شعبده باز
Leone	شیر
Magia	جادو
Mago	جادوگر
Musica	موسیقی
Palloncini	بالن
Parata	رژه
Scimmia	میمون
Spettacolare	دیدنی
Spettatore	تماشاگر
Tenda	چادر
Tigre	ببر
Trucco	ترفند

Città
شهر

Aeroporto	فرودگاه
Banca	بانک
Biblioteca	کتابخانه
Cinema	سینما
Clinica	درمانگاه
Farmacia	داروخانه
Fiorista	گلفروش
Galleria	گالری
Hotel	هتل
Libreria	کتابفروشی
Mercato	بازار
Museo	موزه
Negozio	فروشگاه
Panetteria	نانوایی
Scuola	مدرسه
Stadio	ورزشگاه
Supermercato	سوپرمارکت
Teatro	نمایش
Università	دانشگاه
Zoo	باغ وحش

Colori
رنگها

Arancia	نارنجی
Azzurro	لاجوردی
Beige	بژ
Bianco	سفید
Blu	آبی
Ciano	فیروزه ای
Cremisi	زرشکی
Giallo	زرد
Grigio	خاکستری
Indaco	نیلی
Magenta	ارغوانی
Marrone	بنوار
Nero	سیاه
Rosa	صورتی
Rosso	قرمز
Seppia	قهوه ای
Verde	سبز
Viola	بنفش
Viola	بنفش

Corpo Umano
بدن انسان

Bocca	دهان
Caviglia	مچ پا
Cervello	مغز
Collo	گردن
Cuore	قلب
Dito	انگشت
Faccia	صورت
Gamba	پا
Ginocchio	زانو
Gomito	آرنج
Mano	دست
Mento	چانه
Naso	بینی
Occhio	چشم
Orecchio	گوش
Pelle	پوست
Sangue	خون
Spalla	شانه
Stomaco	معده
Testa	سر

Danza
رقص

Accademia	آکادمی
Arte	هنر
Classico	کلاسیک
Compagno	شریک
Coreografia	رقص
Corpo	بدن
Cultura	فرهنگ
Culturale	فرهنگی
Emozione	احساسات
Espressivo	رسا
Gioioso	شاد
Grazia	گریس
Movimento	جنبش
Musica	موسیقی
Postura	وضعیت
Prova	تمرین
Ritmo	ریتم
Salto	پرش
Tradizionale	سنتی
Visivo	بصری

Diplomazia
دیپلماسی

Ambasciata	سفارت
Ambasciatore	سفیر
Cittadini	شهروندان
Civico	مدنی
Comunità	انجمن
Conflitto	درگیری
Consigliere	مشاور
Cooperazione	همکاری
Diplomatico	دیپلماتیک
Discussione	بحث
Etica	اخلاق
Giustizia	عدالت
Governo	دولت
Integrità	یکپارچگی
Politica	سیاست
Risoluzione	وضوح
Sicurezza	امنیت
Soluzione	راه حل
Trattato	معاهده
Umanitario	بشردوستانه

Discipline Scientifiche
رشته های علمی

Anatomia	آناتومی
Archeologia	باستان شناسی
Astronomia	نجوم
Biochimica	بیوشیمی
Biologia	زیست شناسی
Botanica	گیاه شناسی
Chimica	شیمی
Ecologia	بوم شناسی
Fisiologia	فیزیولوژی
Geologia	زمین شناسی
Immunologia	ایمونولوژی
Linguistica	زبانشناسی
Meccanica	مکانیک
Meteorologia	هواشناسی
Mineralogia	کانی شناسی
Neurologia	اعصاب
Psicologia	روانشناسی
Sociologia	جامعه شناسی
Termodinamica	ترمودینامیک
Zoologia	جانورشناسی

Ecologia
بوم شناسی

Clima	اقلیم
Comunità	جوامع
Diversità	تنوع
Fauna	جانوران
Flora	فلور
Globale	جهانی
Habitat	زیستگاه
Marino	دریایی
Natura	طبیعت
Naturale	طبیعی
Palude	مارش
Piante	گیاهان
Risorse	منابع
Siccità	خشکسالی
Sopravvivenza	بقا
Sostenibile	پایدار
Vegetazione	زندگی گیاهی
Volontari	داوطلبان

Edifici
ساختمانها

Ambasciata	سفارت
Appartamento	آپارتمان
Cabina	کابین
Castello	قلعه
Cinema	سینما
Fabbrica	کارخانه
Fienile	انبار
Hotel	هتل
Laboratorio	آزمایشگاه
Museo	موزه
Ospedale	بیمارستان
Osservatorio	رصدخانه
Ostello	خوابگاه
Scuola	مدرسه
Stadio	ورزشگاه
Supermercato	سوپرمارکت
Teatro	نمایش
Tenda	چادر
Torre	برج
Università	دانشگاه

Elettricità
برق

Attrezzatura	تجهیزات
Batteria	باتری
Cavo	کابل
Conservazione	ذخیره سازی
Elettricista	برقکار
Elettrico	برقی
Generatore	ژنراتور
Lampada	لامپ
Laser	لیزر
Magnete	آهن ربا
Negativo	منفی
Oggetti	اشیاء
Positivo	مثبت
Presa	سوکت
Quantità	مقدار
Rete	شبکه
Telefono	تلفن
Televisione	تلویزیون

Emozioni
احساسات

Amore	عشق
Beatitudine	سعادت
Calma	آرام
Contenuto	محتوا
Gentilezza	مهربانی
Gioia	شادی
Grato	سپاسگزار
Imbarazzato	خجالت
Noia	کسالت
Pace	صلح
Paura	ترس
Rabbia	خشم
Rilievo	تسکین
Simpatia	همدردی
Soddisfatto	راضی
Tenerezza	حساسیت
Tranquillità	آرامش
Tristezza	غم و اندوه

Energia
انرژی

Ambiente	محیط
Batteria	باتری
Benzina	بنزین
Calore	حرارت
Carbonio	کربن
Carburante	سوخت
Diesel	دیزل
Elettrico	برقی
Elettrone	الکترون
Entropia	آنتروپی
Fotone	فوتون
Idrogeno	هیدروژن
Industria	صنعت
Inquinamento	آلودگی
Motore	موتور
Nucleare	هسته ای
Rinnovabile	تجدید پذیر
Turbina	توربین
Vapore	بخار
Vento	باد

Erboristeria
گیاه شناسی

Aglio	سیر
Aneto	شوید
Aromatico	معطر
Basilico	ریحان
Culinario	آشپزی
Dragoncello	ترخون
Finocchio	رازیانه
Fiore	گل
Giardino	باغ
Ingrediente	جزء
Lavanda	اسطوخودوس
Maggiorana	مرجان
Menta	نعناع
Origano	پونه کوهی
Prezzemolo	جعفری
Qualità	کیفیت
Rosmarino	رزماری
Timo	آویشن
Verde	سبز
Zafferano	زعفران

Escursionismo
پیاده روی

Acqua	آب
Animali	حیوانات
Campeggio	کمپینگ
Clima	اقلیم
Guide	راهنما
Mappa	نقشه
Montagna	کوه
Natura	طبیعت
Orientamento	جهت
Pericoli	خطرات
Pesante	سنگین
Preparazione	آماده سازی
Scogliera	صخره
Selvaggio	وحشی
Sole	خورشید
Stanco	خسته
Stivali	چکمه
Vertice	اجلاس

Etica
اخلاق

Altruismo	نوع دوستی
Benevolo	خیرخواه
Compassione	شفقت
Cooperazione	همکاری
Dignità	کرامت
Diplomatico	دیپلماتیک
Filosofia	فلسفه
Gentilezza	مهربانی
Individualismo	فردگرایی
Integrità	یکپارچگی
Onestà	صداقت
Ottimismo	خوش بینی
Pazienza	صبر
Ragionevole	معقول
Razionalità	عقلانیت
Realismo	واقع گرایی
Rispettoso	احترام
Saggezza	حکمت
Tolleranza	تحمل
Umanità	بشریت

Fantascienza
داستان علمی تخیلی

Atomico	اتمی
Cinema	امنیس
Distopia	دیپوتسیای
Esplosione	انفجار
Estremo	طرفم
Fuoco	آتش
Futuristico	آینده نگر
Galassia	کهکشان
Illusione	توهم
Immaginario	خیالی
Libri	کتابها
Misterioso	مرموز
Mondo	جهان
Oracolo	اوراکل
Pianeta	سیاره
Romanzi	رمان
Scenario	سناریو
Tecnologia	تکنولوژی
Utopia	مدینه فاضله

Fattoria #1
مزرعه #1

Acqua	آب
Agricoltura	کشاورزی
Ape	زنبور عسل
Asino	خر
Campo	زمینه
Cane	سگ
Capra	بز
Cavallo	اسب
Fertilizzante	کود
Fieno	یونجه
Gatto	گربه
Gregge	گله
Maiale	خوک
Miele	عسل
Mucca	گاو
Pollo	مرغ
Recinto	نرده
Riso	برنج
Semi	دانه
Vitello	گوساله

Fattoria #2
مزرعه #2

Agnello	بره
Agricoltore	کشاورز
Anatra	اردک
Animali	حیوانات
Cibo	غذا
Fienile	انبار
Frutta	میوه
Frutteto	باغ
Grano	گندم
Irrigazione	آبیاری
Lama	لاما
Latte	شیر
Mais	ذرت
Maturo	رسیده
Oche	غازها
Orzo	جو
Pastore	چوپان
Pecora	گوسفند
Prato	چمنزار
Trattore	تراکتور

Fiori
گل

Dente di Leone	قاصدک
Gardenia	گاردنیا
Gelsomino	یاس
Giglio	زنبق
Girasole	گل خورشیدی
Ibisco	هیبیسکوس
Lavanda	اسطوخودوس
Magnolia	ماگنولیا
Margherita	دیزی
Mazzo	دسته گل
Narciso	نرگس
Orchidea	ارکیده
Papavero	خشخاش
Petalo	گلبرگ
Plumeria	پلومریا
Rosa	رز
Trifoglio	شبدر
Tulipano	لاله

Fisica
فیزیک

Accelerazione	شتاب
Atomo	اتم
Caos	آشوب
Chimico	شیمیایی
Densità	تراکم
Elettrone	الکترون
Espansione	گسترش
Formula	فرمول
Frequenza	فرکانس
Gas	گاز
Gravità	جاذبه
Magnetismo	مغناطیس
Meccanica	مکانیک
Molecola	مولکول
Motore	موتور
Nucleare	هسته ای
Particella	ذره
Relatività	نسبیت
Universale	جهانی
Velocità	سرعت

Foresta Pluviale
جنگل بارانی

Anfibi	دوزیستان
Botanico	گیاه شناسی
Clima	اقلیم
Comunità	انجمن
Diversità	تنوع
Giungla	جنگل
Indigeno	بومی
Insetti	حشرات
Mammiferi	پستانداران
Muschio	خزه
Natura	طبیعت
Nuvole	ابرها
Preservazione	حفظ
Prezioso	با ارزش
Restauro	ترمیم
Rifugio	پناه
Rispetto	احترام
Sopravvivenza	بقا
Uccelli	پرندگان

Forme
اشکال

Angolo	هشوگ
Arco	کمان
Cerchio	دایره
Cilindro	سیلندر
Cono	طورخم
Cubo	مکعب
Curva	منحنی
Iperbole	هذلولی
Lato	تمس
Linea	خط
Ovale	بیضی
Piramide	هرم
Poligono	چند ضلعی
Prisma	منشور
Quadrato	مربع
Rettangolo	مستطیل
Rotondo	گرد
Sfera	کره
Triangolo	مثلث

Forza e Gravità
هبذاج و ورین

Asse	محور
Attrito	اصطکاک
Centro	مرکز
Dinamico	پویا
Distanza	فاصله
Espansione	گسترش
Fisica	فیزیک
Magnetismo	مغناطیس
Meccanica	مکانیک
Movimento	حرکت
Orbita	مدار
Peso	وزن
Pianeti	سیارات
Pressione	فشار
Proprietà	خواص
Scoperta	کشف
Tempo	زمان
Universale	جهانی
Velocità	سرعت

Frutta
میوه

Albicocca	زردآلو
Ananas	آناناس
Arancia	نارنج
Avocado	آووکادو
Bacca	توت
Banana	موز
Ciliegia	گیلاس
Fico	شلک
Kiwi	کیوی
Lampone	تمشک
Limone	لیمو
Mango	انبه
Mela	سیب
Melone	خربزه
Nettarina	شلیل
Papaia	پاپایا
Pera	گلابی
Pesca	هلو
Prugna	آلو
Uva	انگور

Geografia
جغرافیا

Altitudine	ارتفاع
Atlante	اطلس
Città	شهر
Continente	قاره
Emisfero	نیمکره
Fiume	رودخانه
Isola	جزیره
Latitudine	عرض جغرافیایی
Longitudine	طول
Mappa	نقشه
Mare	دریا
Meridiano	نصف النهار
Mondo	جهان
Montagna	کوه
Nord	شمال
Ovest	غرب
Paese	کشور
Regione	منطقه
Sud	جنوب
Territorio	قلمرو

Geologia
زمین‌شناسی

Acido	اسید
Altopiano	فلات
Calcio	کلسیم
Caverna	غار
Continente	قاره
Corallo	مرجان
Cristalli	کریستال
Erosione	فرسایش
Fossile	فسیل
Lava	گدازه
Minerali	مواد معدنی
Pietra	سنگ
Quarzo	کوارتز
Sale	نمک
Stalagmiti	استالاگمیت
Stalattite	استالاکتیت
Strato	لایه
Terremoto	زلزله
Vulcano	آتشفشان
Zona	منطقه

Geometria
هندسه

Altezza	ارتفاع
Angolo	زاویه
Calcolo	محاسبه
Cerchio	دایره
Curva	منحنی
Diametro	قطر
Dimensione	بعد
Equazione	معادله
Logica	منطق
Mediano	میانه
Numero	شماره
Orizzontale	افقی
Parallelo	موازی
Proporzione	نسبت
Segmento	بخش
Simmetria	تقارن
Superficie	سطح
Teoria	نظریه
Triangolo	مثلث
Verticale	عمودی

Giardinaggio
باغبانی

Acqua	آب
Botanico	گیاه شناسی
Clima	اقلیم
Commestibile	خوراکی
Compost	کمپوست
Contenitore	ظرف
Esotico	عجیب و غریب
Fiorire	شکوفه
Floreale	گل
Foglia	برگ
Fogliame	برگ و خاشاک
Frutteto	باغ
Mazzo	دسته گل
Semi	دانه
Sporco	خاک
Stagionale	فصلی
Tubo	شلنگ
Umidità	رطوبت

Giardino
باغ

Albero	درخت
Amaca	بانوج
Cespuglio	بوش
Erba	چمن
Erbacce	علف های هرز
Fiore	گل
Garage	گاراژ
Giardino	باغ
Pala	بیل
Panca	نیمکت
Portico	ایوان
Rastrello	شن کش
Recinto	نرده
Stagno	برکه
Suolo	خاک
Terrazza	تراس
Trampolino	ترامپولین
Tubo	شلنگ
Vite	تاک

Giorni e Mesi
روزها و ماه‌ها

Agosto	اوت
Anno	سال
Aprile	آوریل
Calendario	تقویم
Dicembre	دسامبر
Domenica	یکشنبه
Febbraio	فوریه
Gennaio	ژانویه
Giugno	خرداد
Luglio	جولای
Lunedì	دوشنبه
Martedì	سه شنبه
Mercoledì	چهارشنبه
Mese	ماه
Novembre	نوامبر
Ottobre	اکتبر
Sabato	شنبه
Settembre	سپتامبر
Settimana	هفته
Venerdì	جمعه

Governo
دولت

Capo	رهبر
Cittadinanza	تابعیت
Civile	مدنی
Costituzione	قانون اساسی
Democrazia	دموکراسی
Discorso	سخنرانی
Discussione	بحث
Giudiziario	قضایی
Giustizia	عدالت
Indipendenza	استقلال
Legge	قانون
Libertà	آزادی
Monumento	یادبود
Nazionale	ملی
Nazione	ملت
Politica	سیاست
Quartiere	منطقه
Simbolo	نماد
Stato	دولت
Uguaglianza	برابری

Guida
رانندگی

Auto	ماشین
Autobus	اتوبوس
Carburante	سوخت
Freni	ترمز
Garage	گاراژ
Gas	گاز
Incidente	تصادف
Licenza	مجوز
Mappa	نقشه
Moto	موتورسیکلت
Motore	موتور
Pedonale	عابر پیاده
Pericolo	خطر
Polizia	پلیس
Sicurezza	ایمنی
Strada	جاده
Traffico	ترافیک
Trasporto	حمل و نقل
Tunnel	تونل
Velocità	سرعت

I Media
رسانه ها

Commerciale	تجاری
Comunicazione	ارتباط
Digitale	دیجیتال
Edizione	نسخه
Educazione	تحصیلات
Fatti	حقایق
Foto	عکس
Immagini	تصاویر
Individuale	شخصی
Industria	صنعت
Intellettuale	فکری
Locale	محلی
Online	اینترنت
Opinione	نظر
Pubblicità	تبلیغات
Pubblico	عمومی
Radio	رادیو
Rete	شبکه
Riviste	مجلات
Televisione	تلویزیون

Imbarcazioni
قایق

Albero	دکل
Ancora	لنگر
Boa	شناور
Canoa	قایق رانی
Corda	طناب
Dock	اسکله
Equipaggio	خدمه
Fiume	رودخانه
Kayak	کایاک
Lago	دریاچه
Mare	دریا
Marea	جزر و مد
Marinaio	ملوان
Motore	موتور
Nautico	دریایی
Oceano	اقیانوس
Onde	امواج
Traghetto	فری
Yacht	قایق بادبانی
Zattera	قایق

Ingegneria
مهندسی

Angolo	زاویه
Asse	محور
Calcolo	محاسبه
Costruzione	ساخت و ساز
Diagramma	نمودار
Diametro	قطر
Diesel	دیزل
Distribuzione	توزیع
Energia	انرژی
Forza	استحکام
Leve	اهرم
Liquido	مایع
Macchina	ماشین
Misurazione	اندازه گیری
Motore	موتور
Movimento	حرکت
Profondità	عمق
Rotazione	چرخش
Stabilità	ثبات
Struttura	ساختار

Jazz
جاز

Album	آلبوم
Artista	هنرمند
Batteria	درام
Canzone	ترانه
Compositore	آهنگساز
Composizione	ترکیب
Concerto	کنسرت
Enfasi	تاکید
Famoso	مشهور
Improvvisazione	بداهه
Musica	موسیقی
Musicisti	نوازندگان
Nuovo	جدید
Orchestra	ارکستر
Preferiti	مورد علاقه
Ritmo	ریتم
Stile	سبک
Talento	استعداد
Tecnica	تکنیک
Vecchio	قدیمی

L'Azienda
شرکت

Creativo	خلاق
Decisione	تصمیم
Globale	جهانی
Industria	صنعت
Innovativo	خلاقانه
Investimento	سرمایه گذاری
Occupazione	اشتغال
Possibilità	امکان
Presentazione	ارائه
Prodotto	محصول
Professionale	حرفه ای
Progresso	پیشرفت
Qualità	کیفیت
Reddito	درآمد
Reputazione	شهرت
Rischi	خطرات
Risorse	منابع
Salari	دستمزد
Tendenze	روند
Unità	واحد

Letteratura
ادبیات

Analisi	تحلیل
Analogia	قیاس
Aneddoto	حکایت
Autore	نویسنده
Biografia	بیوگرافی
Conclusione	نتیجه
Confronto	مقایسه
Critica	نقد
Descrizione	شرح
Dialogo	گفتگو
Metafora	استعاره
Opinione	نظر
Poesia	شعر
Poetico	شاعرانه
Rima	قافیه
Ritmo	ریتم
Romanzo	رمان
Stile	سبک
Tema	تم
Tragedia	تراژدی

Libri
کتابها

Autore	نویسنده
Avventura	ماجراجویی
Collezione	مجموعه
Contesto	بافت
Dualità	دوگانگی
Epico	حماسه
Inventivo	مبتکر
Letterario	ادبی
Lettore	خواننده
Narratore	راوی
Pagina	صفحه
Poesia	شعر
Rilevante	مربوط
Romanzo	رمان
Scritto	نوشته شده
Serie	سری
Storia	داستان
Storico	تاریخی
Tragico	غم انگیز
Umoristico	طنز

Mammiferi
پستانداران

Balena	نهنگ
Cane	سگ
Canguro	کانگورو
Cavallo	اسب
Cervo	آهو
Coniglio	خرگوش
Coyote	کایوت
Delfino	دلفین
Elefante	فیل
Gatto	گربه
Giraffa	زرافه
Gorilla	گوریل
Leone	شیر
Lupo	گرگ
Orso	خرس
Pecora	گوسفند
Scimmia	میمون
Toro	گاو نر
Volpe	فاکس
Zebra	گورخر

Matematica
ریاضی

Angoli	زاویه
Aritmetica	حساب
Circonferenza	دور
Decimale	اعشاری
Diametro	قطر
Divisione	بخش
Equazione	معادله
Esponente	نما
Frazione	کسر
Geometria	هندسه
Parallelo	موازی
Perimetro	محیط
Perpendicolare	عمود
Poligono	چند ضلعی
Quadrato	مربع
Raggio	شعاع
Rettangolo	مستطیل
Simmetria	تقارن
Somma	جمع
Triangolo	مثلث

Meditazione
مدیتیشن

Accettazione	پذیرش
Attenzione	توجه
Calma	آرام
Chiarezza	وضوح
Compassione	شفقت
Emozioni	احساسات
Gentilezza	مهربانی
Gratitudine	قدردانی
Mentale	ذهنی
Mente	ذهن
Movimento	جنبش
Musica	موسیقی
Natura	طبیعت
Osservazione	مشاهده
Pace	صلح
Pensieri	افکار
Postura	وضعیت
Prospettiva	چشم انداز
Respirazione	تنفس
Silenzio	سکوت

Meteo
وضع هوا

Arcobaleno	رنگین کمان
Asciutto	خشک
Atmosfera	اتمسفر
Brezza	نسیم
Calma	آرام
Cielo	آسمان
Clima	اقلیم
Fulmine	رعد و برق
Ghiaccio	یخ
Nebbia	مه
Nube	ابر
Polare	قطبی
Siccità	خشکسالی
Temperatura	درجه حرارت
Tempesta	طوفان
Tornado	گردباد
Tropicale	گرمسیری
Tuono	تندر
Umido	مرطوب
Vento	باد

Misurazioni
اندازه گیری

Altezza	ارتفاع
Byte	بایت
Centimetro	سانتیمتر
Chilogrammo	کیلوگرم
Chilometro	کیلومتر
Decimale	اعشاری
Grado	درجه
Grammo	گرم
Larghezza	عرض
Litro	لیتر
Lunghezza	طول
Massa	جرم
Metro	متر
Minuto	دقیقه
Oncia	اونس
Peso	وزن
Pollice	اینچ
Profondità	عمق
Tonnellata	تن

Mitologia
اسطوره شناسی

Archetipo	کهن الگو
Comportamento	رفتار
Creatura	موجود
Creazione	ایجاد
Cultura	فرهنگ
Disastro	فاجعه
Divinità	خدایان
Eroe	قهرمان
Forza	استحکام
Fulmine	رعد و برق
Gelosia	حسادت
Guerriero	جنگجو
Immortalità	جاودانگی
Labirinto	هزارتو
Leggenda	افسانه
Magico	جادویی
Mortale	فانی
Mostro	هیولا
Tuono	تندر
Vendetta	انتقام

Moda
دم

Abbigliamento	سابل
Boutique	کیتوب
Caro	نارگ
Confortevole	تحار
Elegante	ابیز
Minimalista	تسیلامینیم
Modello	وگلا
Moderno	نردم
Modesto	نتورف
Originale	یلصا
Pizzo	یروت
Pratico	یلمع
Pulsanti	همکد
Ricamo	یزودلگ
Semplice	هداس
Sofisticato	هدیچیپ
Stile	کبس
Tendenza	دنور
Tessuto	هچراپ
Trama	تفاب

Musica
یقیسوم

Album	موبلآ
Armonia	ینومراه
Armonico	کینومراه
Ballata	فینصت
Cantante	هدنناوخ
Cantare	ناوخب
Classico	کیسالک
Coro	هورگ رک
Lirico	هنارت
Melodia	یدولم
Microfono	نوفورکیم
Musicale	لاکیزوم
Musicista	هدنزاون
Opera	ارپا
Poetico	هنارعاش
Registrazione	طبض
Ritmico	کیمتیر
Ritmo	متیر
Strumento	رازبا
Vocale	زاوآ

Natura
تعیبط

Animali	تاناویح
Api	اهروبنز
Artico	لامش بطق
Bellezza	ییابیز
Deserto	ریوک
Dinamico	ایوپ
Erosione	شیاسرف
Fiume	هناخدور
Fogliame	گرب و خاش
Foresta	لگنج
Ghiacciaio	لاچخی
Nebbia	هم
Nuvole	اهربا
Rifugio	هانپ
Santuario	هاگهانپ
Scogliere	هرخص
Selvaggio	یشحو
Sereno	مارآ
Tropicale	یریسمرگ
Vitale	یتایح

Numeri
دادعا

Cinque	جنپ
Decimale	یراشعا
Diciannove	هدزون
Diciassette	هدفه
Diciotto	هدجه
Dieci	هد
Dodici	هدزاود
Due	ود
Nove	هن
Otto	تشه
Quattordici	هدراهچ
Quattro	راهچ
Quindici	هدزناپ
Sedici	هدزناش
Sei	شش
Sette	تفه
Tre	هس
Tredici	هدزیس
Venti	تسیب
Zero	رفص

Nutrizione
هیذغت

Amaro	خلت
Appetito	اهتشا
Bilanciato	لداعتم
Calorie	یرلاک
Carboidrati	تاردیهوبرک
Commestibile	یکاروخ
Dieta	ییاذغ میژر
Digestione	مضه
Fermentazione	ریمخت
Liquidi	تاعیام
Nutriente	یذغم داوم
Peso	نزو
Proteine	نییتورپ
Qualità	تیفیک
Salsa	سس
Salute	تمالس
Sano	ملاس
Spezie	هیودا
Tossina	مس
Vitamina	نیماتیو

Oceano
سونایقا

Alghe	کبلج
Anguilla	یهامرام
Balena	گنهن
Barca	قیاق
Corallo	ناجرم
Delfino	نیفلد
Gamberetto	وگیم
Granchio	گنچرخ
Medusa	ییایرد سورع
Onde	جاوما
Ostrica	فدص
Pesce	یهام
Polpo	سوپاتخا
Sale	کمن
Scogliera	ییایرد هپت
Spugna	جنفسا
Squalo	هسوک
Tartaruga	تشپ کال
Tempesta	نافوط
Tonno	نت یهام

Paesaggi
زادنامشچ

Cascata	راشبآ
Collina	هپت
Deserto	ریوک
Fiume	هناخدور
Ghiacciaio	لاچخی
Golfo	جیلخ
Grotta	راغ
Iceberg	خی هوک
Isola	هریزج
Lago	هچایرد
Mare	ایرد
Montagna	هوک
Oasi	هحاو
Oceano	سونایقا
Palude	قالتاب
Penisola	هریزج هبش
Spiaggia	لحاس
Tundra	اردنت
Valle	هرد
Vulcano	ناشفشتآ

Paesi #1
اهروشک #1

Brasile	لیزرب
Cambogia	جوبماک
Canada	اداناک
Egitto	رصم
Finlandia	دنالنف
Germania	ناملآ
India	دنه
Iraq	قارع
Israele	لییارسا
Libia	یبیل
Mali	یلام
Marocco	شکارم
Norvegia	ژورن
Panama	اماناپ
Polonia	ناتسهل
Romania	ینامور
Senegal	لاگنس
Spagna	ایناپسا
Venezuela	الئوزنو
Vietnam	مانتیو

Paesi #2
اهروشک #2

Albania	ینابلآ
Danimarca	کرامناد
Etiopia	یپویتا
Giamaica	اکیئاماج
Giappone	نپاژ
Grecia	نانوی
Haiti	یتیئاه
Indonesia	یزنودنا
Irlanda	دنلریا
Laos	سوال
Liberia	ایربیل
Messico	کیزکم
Nepal	لاپن
Nigeria	هیرجین
Pakistan	ناتسکاپ
Russia	هیسور
Siria	هیروس
Sudan	نادوس
Ucraina	نیارکوا
Uganda	ادناگوا

Piante
ناهایگ

Albero	تخرد
Bacca	توت
Bambù	وبماب
Botanica	یسانش هایگ
Cactus	سوتکاک
Cespuglio	شوب
Crescere	دشر
Edera	کچیپ
Erba	نمچ
Fagiolo	ایبول
Fertilizzante	دوک
Fiore	لگ
Flora	رولف
Fogliame	گرب و خاش
Foresta	لگنج
Giardino	غاب
Muschio	هزخ
Petalo	گربلگ
Radice	هشیر
Vegetazione	یهایگ یگدنز

Professioni #1
هفرح #1

Allenatore	یبرم
Ambasciatore	ریفس
Artista	دنمرنه
Astronomo	سانش هراتس
Avvocato	لیکو
Ballerino	هدنصقر
Banchiere	رادکناب
Cacciatore	یچراکش
Cartografo	راگن هشقن
Editore	رگشیاریو
Farmacista	زاسوراد
Geologo	سانش نیمز
Gioielliere	رهاوج
Idraulico	شک هلول
Infermiera	راتسرپ
Musicista	هدنزاون
Pianista	تسینایپ
Psicologo	سانشناور
Scienziato	دنمشناد
Veterinario	کشزپماد

Professioni #2
هفرح #2

Astronauta	دروناضف
Bibliotecario	رادباتک
Biologo	سانش تسیز
Chirurgo	حارج
Dentista	کشزپنادند
Detective	هاگاراک
Filosofo	فوسلیف
Fotografo	ساکع
Giardiniere	نابغاب
Giornalista	راگنربخ
Illustratore	رگریوصت
Ingegnere	سدنهم
Insegnante	ملعم
Inventore	عرتخم
Linguista	سانشنابز
Medico	کشزپ
Pilota	نابلخ
Pittore	شاقن
Ricercatore	ققحم
Zoologo	سانشروناج

Psicologia
روانشناسی

Appuntamento	قرار ملاقات
Clinico	بالینی
Cognizione	شناخت
Comportamento	رفتار
Conflitto	درگیری
Ego	نفس
Emozioni	احساسات
Esperienze	تجربیات
Inconscio	ناخودآگاه
Infanzia	کودکی
Pensieri	افکار
Percezione	ادراک
Personalità	شخصیت
Problema	مشکل
Realtà	واقعیت
Ricordi	خاطرات
Sensazione	احساس
Sogni	رویاها
Terapia	درمان
Valutazione	ارزیابی

Riempire
برای پر کردن

Bacino	حوضه
Barile	بشکه
Borsa	کیسه
Bottiglia	بطری
Busta	پاکت
Cartella	پوشه
Cartone	کارتن
Cassetto	کشو
Cesto	سبد
Nave	کشتی
Pacchetto	بسته
Scatola	جعبه
Secchio	سطل
Tasca	جیب
Tubo	لوله
Valigia	چمدان
Vasca	وان
Vaso	گلدان
Vassoio	سینی

Ristorante #2
رستوران #2

Acqua	آب
Bevanda	نوشیدنی
Cameriere	گارسون
Cena	شام
Cucchiaio	قاشق
Delizioso	خوشمزه
Forchetta	چنگال
Frutta	میوه
Ghiaccio	یخ
Insalata	سالاد
Minestra	سوپ
Pesce	ماهی
Pranzo	ناهار
Sale	نمک
Sedia	صندلی
Spezie	ادویه
Torta	کیک
Uova	تخم مرغ
Verdure	سبزیجات

Salute e Benessere #1
سلامت و بهداشت #1

Abitudine	عادت
Altezza	ارتفاع
Attivo	فعال
Batteri	باکتری
Clinica	درمانگاه
Fame	گرسنگی
Farmacia	داروخانه
Frattura	شکستگی
Medicina	پزشکی
Medico	دکتر
Muscoli	عضلات
Nervi	اعصاب
Ormoni	هورمون
Ossa	استخوان
Pelle	پوست
Postura	وضعیت
Riflesso	رفلکس
Rilassamento	آرامش
Terapia	درمان
Virus	ویروس

Salute e Benessere #2
سلامت و بهداشت # 2

Allergia	آلرژی
Anatomia	آناتومی
Appetito	اشتها
Caloria	کالری
Corpo	بدن
Dieta	رژیم غذایی
Digestione	هضم
Disidratazione	کم آبی بدن
Energia	انرژی
Genetica	ژنتیک
Igiene	بهداشت
Infezione	عفونت
Malattia	بیماری
Massaggio	ماساژ
Nutrizione	تغذیه
Ospedale	بیمارستان
Peso	وزن
Sangue	خون
Sano	سالم
Vitamina	ویتامین

Scienza
علم

Atomo	اتم
Chimico	شیمیایی
Clima	اقلیم
Dati	داده
Esperimento	آزمایش
Evoluzione	تکامل
Fatto	حقیقت
Fisica	فیزیک
Fossile	فسیل
Gravità	جاذبه
Ipotesi	فرضیه
Laboratorio	آزمایشگاه
Metodo	روش
Minerali	مواد معدنی
Molecole	مولکول ها
Natura	طبیعت
Organismo	ارگانیسم
Osservazione	مشاهده
Particelle	ذرات
Scienziato	دانشمند

Spezie
تاج هیودا

Aglio	ریس
Amaro	خلت
Cannella	نیچراد
Cardamomo	له
Cipolla	زایپ
Coriandolo	زینشگ
Cumino	هریز
Curcuma	هبوچدرز
Curry	یراک
Dolce	نیریش
Finocchio	هنایزار
Gusto	معط
Liquirizia	نایب نیریش
Noce Moscata	یدنه زوج
Paprika	زمرق لفلف
Pepe	لفلف
Sale	کمن
Vaniglia	لیناو
Zafferano	نارفعز
Zenzero	لیبجنز

Sport
یشزرو

Allenatore	یبرم
Atleta	راکشزرو
Capacità	ییاناوت
Ciclismo	یراوس هخرچود
Corpo	ندب
Danza	صقر
Dieta	ییاذغ میژر
Forza	ماکحتسا
Jogging	ندیود
Massimizzare	ندرک رثکادح
Metabolico	کیلوباتم
Muscoli	تالضع
Nutrizione	هیذغت
Obiettivo	فده
Ossa	ناوختسا
Programma	همانرب
Resistenza	تماقتسا
Salute	تمالس
Sportivo	شزرو
Stretching	ششک

Tempo
نامز

Anno	لاس
Annuale	هنالاس
Calendario	میوقت
Decennio	ههد
Futuro	آینده
Giorno	زور
Ieri	زورید
Mattina	حبص
Mese	هام
Mezzogiorno	رهظ
Minuto	هقیقد
Momento	هظحل
Notte	بش
Oggi	زورما
Ora	تعاس
Ora	نونکا
Presto	یدوز هب
Prima	زا لبق
Secolo	نرق
Settimana	هتفه

Tipi di Capelli
وم عاونا

Argento	هرقن
Asciutto	کشخ
Bianco	دیفس
Biondo	روب
Breve	هاتوک
Calvo	ساط
Colorato	یگنر
Grigio	یرتسکاخ
Intrecciato	هتفاب
Liscio	فاص
Lungo	دنلب
Marrone	نوارب
Morbido	مرن
Nero	هایس
Riccio	یرفرف
Riccioli	رف
Sano	ملاس
Sottile	کزان
Spessore	میخض
Trecce	اهراون

Uccelli
ناگدنرپ

Airone	لیصاوح
Anatra	کدرا
Aquila	باقع
Cicogna	کل کل
Cigno	وق
Cuculo	هتخاف
Falco	نیهاش
Fenicottero	وگنیمالف
Gufo	دغج
Oca	زاغ
Pappagallo	یطوط
Passero	کشجنگ
Pavone	سوواط
Pellicano	ناکیلپ
Piccione	رتوبک
Pinguino	نئوگنپ
Pollo	غرم
Struzzo	غرمرتش
Tucano	ناکوت
Uovo	غرم مخت

Universo
یتیگ

Asteroide	کرایس
Astronomia	موجن
Astronomo	سانش هراتس
Atmosfera	رفسمتا
Buio	یکیرات
Celeste	آسمانی
Cielo	آسمان
Cosmico	کیهانی
Emisfero	هرکمین
Galassia	ناشکهک
Latitudine	ییایفارغج ضرع
Longitudine	لوط
Luna	هام
Orbita	رادم
Orizzonte	قفا
Solare	یدیشروخ
Solstizio	بالقنا
Telescopio	پوکسلت
Visibile	تیور لباق
Zodiaco	کایدوز

Vacanze #2
تعطیلات #2

Aeroporto	فرودگاه
Campeggio	کمپینگ
Destinazione	مقصد
Foto	عکس
Hotel	هتل
Isola	جزیره
Mappa	نقشه
Mare	دریا
Passaporto	گذرنامه
Ristorante	رستوران
Spiaggia	ساحل
Straniero	خارجی
Taxi	تاکسی
Tempo Libero	فراغت
Tenda	چادر
Trasporto	حمل و نقل
Treno	قطار
Vacanza	تعطیلات
Viaggio	سفر
Visto	ویزا

Veicoli
وسایل نقلیه

Aereo	هواپیما
Ambulanza	آمبولانس
Auto	ماشین
Autobus	اتوبوس
Bicicletta	دوچرخه
Camion	کامیون
Caravan	کاروان
Elicottero	هلیکوپتر
Metropolitana	مترو
Motore	موتور
Navetta	شاتل
Pneumatici	لاستیک
Razzo	موشک
Scooter	اسکوتر
Sottomarino	زیردریایی
Taxi	تاکسی
Traghetto	فری
Trattore	تراکتور
Treno	قطار
Zattera	قایق

Verdure
سبزیجات

Aglio	سیر
Broccolo	کلم بروکلی
Carciofo	کنگر فرنگی
Carota	هویج
Cetriolo	خیار
Cipolla	پیاز
Fungo	قارچ
Insalata	سالاد
Melanzana	بادمجان
Patata	سیب زمینی
Pisello	نخود فرنگی
Pomodoro	گوجه فرنگی
Prezzemolo	جعفری
Rapa	شلغم
Ravanello	تربچه
Scalogno	موسیر
Sedano	کرفس
Spinaci	اسفناج
Zenzero	زنجبیل
Zucca	کدو تنبل

Vestiti
لباس

Abito	لباس
Braccialetto	دستبند
Calzini	جوراب
Camicetta	بلوز
Camicia	پیراهن
Cappello	کلاه
Cappotto	کت
Cintura	کمربند
Collana	گردنبند
Gonna	دامن
Grembiule	صحن
Guanti	دستکش
Jeans	شلوار جین
Maglione	ژاکت
Moda	مد
Pantaloni	شلوار
Pigiama	لباس خواب
Sandali	صندل
Scarpa	کفش
Sciarpa	روسری

Congratulazioni

Ce l'hai fatta!

Speriamo che questo libro vi sia piaciuto tanto quanto a noi è piaciuto concepirlo. Ci sforziamo di creare libri della più alta qualità possibile.
Questa edizione è progettata per fornire un apprendimento intelligente, di qualità e divertente!

Le è piaciuto questo libro?

Una Semplice Richiesta

Questi libri esistono grazie alle recensioni che pubblicate.

Puoi aiutarci lasciando una recensione
ora a questo link ?

BestBooksActivity.com/Recensioni50

SFIDA FINALE!

Sfida n°1

Sei pronto per il tuo gioco gratuito? Li usiamo sempre, ma non sono così facili da trovare - ecco i Sinonimi!
Scrivi 5 parole che hai trovato nei puzzle (n° 21, n° 36, n° 76) e prova a trovare 2 sinonimi per ogni parola.

*Scrivi 5 parole del **Puzzle 21***

Parole	Sinonimo 1	Sinonimo 2

*Scrivi 5 parole del **Puzzle 36***

Parole	Sinonimo 1	Sinonimo 2

*Scrivi 5 parole del **Puzzle 76***

Parole	Sinonimo 1	Sinonimo 2

Sfida n°2

Ora che ti sei riscaldato, scrivi 5 parole che hai trovato nei puzzle n° 9, n° 17 e n° 25 e cerca di trovare 2 contrari per ogni parola. Quanti ne puoi trovare in 20 minuti?

Scrivi 5 parole del ***Puzzle 9***

Parole	Antonimo 1	Antonimo 2

Scrivi 5 parole del ***Puzzle 17***

Parole	Antonimo 1	Antonimo 2

Scrivi 5 parole del ***Puzzle 25***

Parole	Antonimo 1	Antonimo 2

Sfida n°3

Grande! Questa sfida  non è niente per te!

Pronto per la sfida finale? Scegli 10 parole che hai scoperto nei diversi puzzle e scrivile qui sotto.

1.	6.
2.	7.
3.	8.
4.	9.
5.	10.

Ora scrivi un testo pensando a una persona, un animale o un luogo che ti piace.

Puoi usare l'ultima pagina di questo libro come bozza.

La tua composizione:

TACCUINO:

A PRESTO!

Tutta la Squadra

www.ingramcontent.com/pod-product-compliance
Lightning Source LLC
Chambersburg PA
CBHW082048120626
46553CB00011B/3322
9798896706526